DER GEHEIME WEG ZU FREIHEIT UND ERFOLG

NAPOLEON HILL

DER GEHEIME WEG ZU FREIHEIT UND ERFOLG

ACTION GUIDE

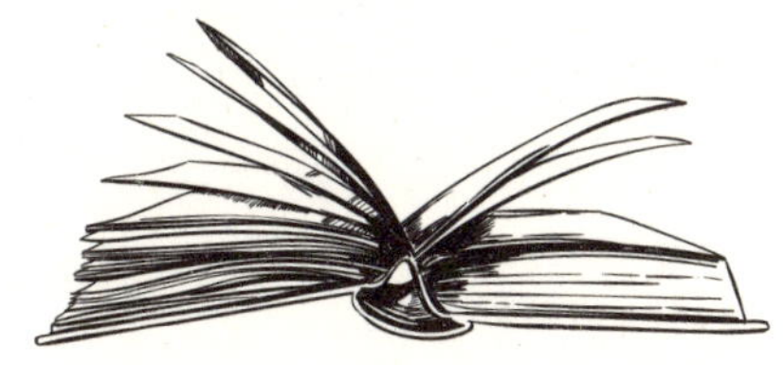

FBV

Bibliografische Information der Deutschen Nationalbibliothek:
Die Deutsche Nationalbibliothek verzeichnet diese Publikation in der Deutschen Nationalbibliografie. Detaillierte bibliografische Daten sind im Internet über http://dnb.d-nb.de abrufbar.

Für Fragen und Anregungen:
info@finanzbuchverlag.de

Wichtiger Hinweis
Ausschließlich zum Zweck der besseren Lesbarkeit wurde auf eine genderspezifische Schreibweise sowie eine Mehrfachbezeichnung verzichtet. Alle personenbezogenen Bezeichnungen sind somit geschlechtsneutral zu verstehen.

1. Auflage 2023

Die englische Originalausgabe erschien 2021 bei Sound Wisdom unter dem Titel *Outwitting the Devil Action Guide*.

Übersetzung: Philipp Seedorf
Redaktion: Silvia Kinkel
Korrektorat: Anja Hilgarth
Umschlaggestaltung: Pamela Machleidt, München in Anlehnung an das Cover der Originalausgabe von Eileen Rockwell
Innendesign: in Anlehnung an die Originalausgabe von Terry Clifton
Satz: Daniel Förster
Druck: CPI books GmbH, Leck
Printed in the EU

ISBN Print 978-3-95972-586-6
ISBN E-Book (PDF) 978-3-98609-107-1
ISBN E-Book (EPUB, Mobi) 978-3-98609-108-8

Eine Anmerkung zum Text

Dieses Buch enthält eine Zusammenfassung des unbearbeiteten Originaltextes von *Der geheime Weg zu Freiheit und Erfolg*, der von Napoleon Hill 1938 abgefasst und von Sound Wisdom in Zusammenarbeit mit der Napoleon Hill Foundation wieder-aufgelegt wurde. *Der geheime Weg zu Freiheit und Erfolg* ist eine »Mischung aus Fakten, Dichtung und Allegorie« und enthält ein detailliertes Interview, das Hill mit dem Teufel führt. Hill entlockt ihm dabei das erstaunliche Geständnis, mit welchen Mitteln er die Menschen durch die Gewohnheit, von ihren Zielen abzuweichen, zum Scheitern bringt. Der Teufel enthüllt auch das Patentrezept, wie die Menschen seine Macht über sie brechen können.

Ob der Teufel, mit dem Hill sprach, real oder imaginär war, ist irrelevant für die tiefgehenden Wahrheiten, die in diesem Buch detailliert beschrieben werden – Prinzipien, die Sie, wenn Sie sie allein, zusammen mit anderen oder im Kontext eines Mastermind-Kurses studieren und dann mithilfe der Aktionspunkte in diesem Buch anwenden, auf einen Pfad zu Selbstbestimmung und dem inneren Frieden führen, der wahren Erfolg bringt.

Statt uns kapitelweise durch das Interview zu führen, ist *Der geheime Weg zu Freiheit und Erfolg* in 20 Kernkonzepte gegliedert, um uns ein gründliches Verständnis der komplexen Erfolgstheorie zu bieten, die im Originalmanuskript entfaltet wird. Bereiten Sie sich geistig darauf vor, dass viele der Konzepte althergebrachte Weisheiten infrage stellen. Hill bittet nicht darum, alles zu glauben, was vom Teufel vorgebracht wird – er selbst tat es nicht. Aber indem Sie diese Ideen mit einer offenen Einstellung betrachten und durchdenken, werden Sie die nötige Geistesstärke entwickeln, um Ihre größten Wünsche Realität werden zu lassen.

»Spirituelle und ökonomische Freiheit, die zwei bedeutendsten Ziele, die Menschen sich setzen können, sind nur erreichbar, wenn man seinen Geist auf die richtige Weise nutzt.«

Inhalt

KAPITEL 1

Energie

Das Leben besteht aus großen Energieschwärmen oder Entitäten, jede so intelligent, wie die Menschen zu sein glauben. Diese Lebenseinheiten gruppieren sich wie Bienenstöcke und bleiben zusammen, bis sie sich durch einen Mangel an Harmonie auflösen.

Haben Sie sich schon einmal gefühlt, als wären in Ihrem Geist widerstreitende Impulse am Werk? Oder sind Sie je mit voller Kraft auf Ihre Ziele zugeschritten, nur um sich plötzlich und unerklärlich gedrängt zu fühlen, die Richtung zu ändern und vom Kurs abzukommen?

Solche Empfindungen treten auf, weil in uns selbst sowohl positive als auch negative Kräfte wohnen, die nach Dominanz streben. Diese gegensätzlichen Kräfte bestehen innerhalb von Energieeinheiten – wie positive und negative Ladungen in einem Atom –, die sich verbinden und Einfluss auf Ihre Gedanken und Handlungen nehmen. Weil diese Kräfte unsere Erfahrungswelt bestimmen, ist es entscheidend, dass wir verstehen, wie sie funktionieren und wie wir sie zu unserem Vorteil kontrollieren und entwickeln können.

»Ihre eigenen Gedanken und Wünsche dienen als Magnet, der Lebenseinheiten aus dem großen Ozean des Lebens anzieht. Nur die wohlgesonnenen Einheiten, die mit der Natur Ihrer Wünsche harmonieren, werden angezogen.«

Alle lebenden Entitäten – Menschen, Tiere und Pflanzen – bestehen aus Einheiten von Energie. Jede Energieeinheit enthält dasselbe Ausmaß an Intelligenz. Der Unterschied zwischen verschiedenen Lebensformen resultiert aus der relativen Zahl von intelligenten Einheiten, die darin beheimatet sind. Diese Energieeinheiten kontrollieren, wie wir mental und physisch funktionieren. Auch, wenn keine einzelne Intelligenzeinheit sich auf eine bestimmte Aktivität konzentriert, gruppieren sie sich doch zusammen und übernehmen eine bestimmte Rolle beim Funktionieren des Körpers.

Alle unsere Sinne – inklusive des Sechsten Sinns oder der kreativen Vorstellungskraft – werden von verschiedenen Gruppen von Intelligenzeinheiten kontrolliert und gesteuert. Daher hängt die Art, wie wir Stimuli in unserer Umgebung wahrnehmen und verarbeiten, von der Koordination und Aktivität unserer Intelligenzeinheiten ab, weshalb es geboten ist, sicherzustellen, dass sie harmonisch auf produktive Ziele hin zusammenarbeiten.

ABER WIE KÖNNEN WIR KRÄFTE KONTROLLIEREN, DEREN EXISTENZ WIR NICHT EINMAL BEWEISEN KÖNNEN?

Auch wenn wir diese Kräfte nicht sehen können, spüren wir ihr Wirken. Wie die Frage nahelegt, die dieses Kapitel eröffnet, spüren wir, wenn es eine Disharmonie oder Fehlregulation in unserer Psyche oder unserem Körper gibt. Auf ähnliche Weise erkennen wir, wenn unsere Gedanken und Handlungen auf einer Linie liegen, um einen positiven Anschub hervorzubringen. Als Energieformen neigen die Gruppen von Intelligenzeinheiten zur Entropie oder Abnahme von Organisation. Diese Reduktion des Organisationsniveaus resultiert primär aus den Kräften, aus denen sie zusammengesetzt sind – den positiven und negativen Ladungen – und die im Wettstreit stehen, sich auszudrücken. Auch wenn positive und negative Kräfte immer im gleichen Verhältnis in einer individuellen Intelligenzeinheit existieren, kann eine Ausdrucksform die Dominanz über eine andere erlangen. Wenn der negative Teil einer Intelligenzeinheit die Vorherrschaft erringt und sich Ausdruck verschafft, harmonisieren andere Lebenseinheiten damit und folgen auf dem Fuß, was uns einem Zustand ausliefert, der als »sich treiben lassen« bekannt ist (das Thema von Kapitel 4). Andererseits, wenn die negativen Teile schlummern, werden wir ermächtigt, entschieden und kraftvoll zu handeln.

Interne Desorganisation entsteht nicht nur daraus, dass Intelligenzeinheiten sowohl negative als auch positive Ladungen tragen, sondern, weil sie unterschiedlicher Natur sind. Wie uns das erste Gesetz der Thermodynamik sagt, kann Energie weder geschaffen noch zerstört werden. Daher sind unsere Lebenseinheiten nicht ursprünglich – sie entstammen Einheiten aus der spirituellen Daseinsebene. Wir werden mit einem Konglomerat an Intelligenzeinheiten geboren und fügen dieser Sammlung weitere hinzu, während wir unsere Lebensreise fortsetzen – da unsere Gedanken andere Intelligenzeinheiten aus den spirituellen Ebenen anziehen, die mit unseren eigenen harmonieren. Unsere dominierenden Gedanken werden magnetisiert, wenn sie durch starke Emotionen eingefärbt werden, ob positiv oder negativ, und sie ziehen andere Gruppen von Intelligenzeinheiten durch einen Prozess an, der ähnlich dem der Resonanz ist. Diese Einheiten haben Meinungsverschiedenheiten, genau wie Menschen, und kämpfen oft untereinander. Ihre Meinungsverschiedenheiten ziehen uns in unterschiedliche Richtungen und schaffen interne Konflikte, die zu Unentschlossenheit führen.

Was denken Sie über das … ewige Leben?

Laut dem Teufel existieren Himmel und Hölle nicht, sondern es gibt eine spirituelle Ebene der Existenz, die mit der physischen koexistiert. Wenn wir sterben, gehen unsere Lebenseinheiten in die spirituelle Ebene über, wo wir unsere Identität beibehalten, wenn unser Geisteszustand von Frieden und Harmonie geprägt ist. Wenn unser mentaler Zustand von Angst und Gewalt beherrscht wird, werden unsere Lebenseinheiten nach dem Tod unorganisiert und zerstreuen sich.

Eine der Schlüsseleinsichten, die hier vom Teufel mitgeteilt werden, besteht darin, wie entscheidend innere Harmonie ist, nicht nur für unsere mentale und physische Gesundheit, sondern auch für unseren Erfolg. Als Menschen können wir die Macht unserer Gedanken nutzen, um diesen Zustand der Harmonie zu fördern, indem wir unseren Vorrat an positiver Energie zum Ausdruck bringen und vergrößern. Indem wir unsere Gedanken und Wünsche mit positiven Emotionen wie dem Glauben stimulieren, können wir weitere positive Energie aus unserer Umgebung anziehen – Intelligenzeinheiten, in denen die positive Ladung vorherrschend zum Ausdruck gelangt. Dieses Prinzip funktioniert auch umgekehrt: Wenn wir unsere Gedanken mit negativen Gefühlen wie Gier, Verzweiflung und Angst aufladen, werden wir weitere negative Energie anziehen und unsere gedanklichen Gewohnheiten leiden darunter. Es ist daher entscheidend, dass wir unsere Gedanken darauf konzentrieren, mit Sicherheit das zu erreichen, was wir im Leben am meisten begehren, ob das beruflicher Erfolg ist, Seelenfrieden, starke Beziehungen, ein Leben lang anderen zu Diensten zu sein oder ein anderes ehrenwertes Ziel. Je mehr positive Energie wir ausdrücken und anziehen, desto mehr werden wir ermächtigt, mit Bestimmtheit und Nachdruck zu handeln.

SCHRITTE ZUR SELBSTBESTIMMUNG

Wie würden Sie Ihren gegenwärtigen inneren Zustand charakterisieren? Würden Sie ihn als organisiert und wohl reguliert bezeichnen oder, alternativ, als unkoordiniert und unharmonisch? Wie könnten Einsichten aus diesem Kapitel Ihnen helfen, die Kontrolle über Ihre Energie wiederzugewinnen, sodass Sie für den Erfolg gut aufgestellt sind?

KAPITEL 2

Der sechste Sinn

Irgendwo in der Zellstruktur Ihres Gehirns ist ein Organ lokalisiert, das Gedankenschwingungen empfängt, die man allgemein als »Vorahnungen« bezeichnet.

Sobald wir lernen, unsere Energie zu schützen und zu kultivieren, können wir unseren Sechsten Sinn nutzen – die kreative Vorstellungskraft. Durch diesen Modus der Wahrnehmung erhalten wir Zugang zu Gedankenimpulsen aus dem universellen Lagerhaus der Energie oder dem, was man die Unendliche Intelligenz nennen könnte. Gedankenimpulse, die dem Sechsten Sinn entstammen, sind das einzige Mittel, neues Wissen zu schaffen. Die andere Methode, um Wissen zu produzieren, entweder die synthetische Vorstellungskraft oder Verstand genannt, arbeitet, indem sie bestehende Informationen auf verschiedene Weise kombiniert, um produktive Einsichten zu generieren.

SIE HATTEN VIELLEICHT SCHON UNWISSENTLICH MIT DEM SECHSTEN SINN ZU TUN …

Haben Sie je eine »Ahnung« gehabt, einen Blitz der Inspiration erlebt, der aus einer übernatürlichen Quelle zu stammen schien – eine Ahnung, die sich als entscheidend erwies, wenn man ihr folgte, um eine Katastrophe zu vermeiden oder eine seltene Gelegenheit zu ergreifen?

Die Chancen stehen gut, dass dieses Gefühl der kreativen Vorstellungskraft entstammte und Ihnen Zugang zu originellen Einsichten verschaffte, die auf keinem anderen Weg zu erlangen waren. Wenn er seine Arbeit verrichtet, führt der Sechste Sinn normalerweise zu einem Gefühl der inneren Ruhe, gefolgt von einem plötzlichen und mächtigen Geistesblitz.

Wie stehen Sie zu … Wundern?

Auch wenn in unserem Leben unglaubliche Dinge passieren mögen, sind sie nicht das Ergebnis von sogenannten »Wundern«. Alles, was in der Welt passiert, kann durch unveränderliche Naturgesetze erklärt werden. Das bedeutet nicht, dass Gebete nicht beantwortet werden; es bedeutet schlicht, dass sie nur von natürlichen Kräften beantwortet werden. Durch Gebet sind wir in der Lage, Pläne von der Unendlichen Intelligenz zu erhalten, aber wir sind letztlich selbst dafür verantwortlich, sie umzusetzen.

Auch wenn der Gedanke von einer inneren Stimme formuliert wird, scheint er typischerweise von einer äußeren Quelle zu stammen, so mächtig und bestimmt wirkt das Wissen, das übermittelt wird. Auch wenn der Impuls von einer externen Intelligenz stammt, ist er kein übernatürliches Phänomen. Der Sechste Sinn basiert auf dem natürlichen Gesetz, das absolut und in seinen Prinzipien unnachgiebig ist.

Wenn unser Geist unter dem Einfluss einer außergewöhnlichen Stimulation steht – so, wie wenn wir unter extremem Druck stehen, uns einer schwierigen Herausforderung gegenübersehen oder intensive Emotionen erleben –, wird er empfänglicher für die Gedankenimpulse, die vom Geist anderer Menschen ausgesendet werden, und für die kollektive Intelligenz auf der spirituellen Ebene. Im Folgenden einige mentale Stimulanzien, die man nutzen kann, um den Sechsten Sinn zu aktivieren, indem man die Frequenz seiner Gedankenimpulse erhöht:

- sexuelles Verlangen
- Liebe
- das brennende Verlangen nach Ruhm, Macht oder Reichtum
- Musik
- Freundschaft
- ein Zusammenschluss im Mastermind
- Widrigkeiten
- positive Bestätigung

Angst dient manchmal als mentales Stimulans, aber meistens ist sie kontraproduktiv, denn sie kann die Empfänglichkeit des Geistes für Kommunikation von außen hemmen.

Wie das Zitat andeutet, mit dem dieses Kapitel beginnt, gibt es irgendwo im Gehirn ein Organ – eine Gruppe von Intelligenzeinheiten –, das dafür verantwortlich ist, diese Gedankenimpulse zu empfangen, zu verarbeiten und in Sprache zu verwandeln. Die Übersetzung ist jedoch nicht immer perfekt, denn die menschliche Sprache ist im Vergleich zur Sprache der Gedanken inadäquat. Aber Wissen, das durch die kreative Vorstellungskraft geschaffen wird, ist immer noch demjenigen weit überlegen, das allein von menschlicher Einsicht geschaffen wird.

In der Tat liegt große Macht darin, ein Bewusstsein dafür zu kultivieren, wann und wie der Sechste Sinn seine Arbeit verrichtet. Wenn wir diese Botschaften als akkurates Wissen aufnehmen und sie nicht als »Instinkt« oder »Aberglaube« abtun, sind wir besser darauf vorbereitet, sie in konkrete Pläne umzusetzen und entsprechend zu handeln. Denn wer würde die Befehle des Sechsten Sinns missachten, deren Nachdruck und Entschiedenheit versprechen, den Menschen dabei zu helfen, ihre wichtigsten Wünsche zu realisieren?

Diejenigen, die ihren Sechsten Sinn schärfen, können ihn sogar nutzen, um mit Gruppen von Intelligenzeinheiten auf der spirituellen Ebene zu kommunizieren. Zum Beispiel können Menschen ihn nutzen, um ein Panel an unsichtbaren Beratern zusammenzustellen, an Mentoren – sowohl lebend als auch tot –, die uns helfen, jene Charaktereigenschaften zu entwickeln, die wir uns am meisten wünschen. Der Sechste Sinn ist das Mittel, mithilfe dessen dem Teufel sein Geständnis entlockt wurde.

SCHRITTE ZUR SELBSTBESTIMMUNG

Aktivieren Sie den Sechsten Sinn, indem Sie anhaltende und emotional aufgeladene Gedanken darauf lenken, schließlich erfolgreich das zu verwirklichen, was Sie am meisten in diesem Leben begehren. Schreiben Sie unten drei Bestätigungen auf, die Ihren Glauben an Ihre Fähigkeit stärken, Ihr wichtigstes Ziel zu erreichen. Rezitieren Sie diese Bestätigungssätze morgens und abends und nutzen Sie eines der positiven mentalen Stimulationsmittel, die in diesem Kapitel aufgezählt sind, um die Schwingung Ihrer Gedankenimpulse zu erhöhen.

KAPITEL 3

DIE SPRACHE DER GEDANKEN

Es gibt keine Sprache auf dieser Daseinsebene,
abgesehen von der Sprache des Gedankens.
Alle Gedanken werden allgemein verstanden.

Gedanken sind Dinge. Auch wenn sie keinen Raum einnehmen, sind sie eine Form von Energie – elektrische Impulse –, die übertragen, angezogen und gespeichert werden kann. Unsere Gehirne, die wie ein Empfänger funktionieren, sammeln diese Gedankenimpulse und organisieren sie zu klar umrissenen Gedankenformen. Um erfolgreich zu sein, müssen wir unseren Geist vor destruktiver Energie schützen und die Macht der konstruktiven Gedanken nutzen, um unser konkretes Hauptziel im Leben anzustreben. Um das zu tun, müssen wir Gedankenimpulse filtern und entziffern und sie einsetzen, um wohlstrukturierte Gedankenformen zu konstruieren.

Wie stehen Sie zu … Telepathie?

Diejenigen auf der spirituellen Ebene sind in der Lage, die Kommunikation des jeweils anderen ohne die Beschränkungen der gesprochenen oder geschriebenen Sprache völlig zu verstehen. Auf der physischen Daseinsebene gestattet es der Sechste Sinn den Menschen, mit Gedankenimpulsen zu kommunizieren sowie Gedankenimpulse der Unendlichen Intelligenz und von spirituellen Wesenheiten aufzunehmen.

Autosuggestion ist das Prinzip, durch das unsere intensivsten und wiederkehrenden Gedanken in Form von Handlungen realisiert werden, die daraus ein materielles Gegenstück entstehen lassen. Wenn wir nicht zielgerichtet die Gedankenimpulse filtern, die von unserem Geist empfangen werden, riskieren wir die Entwicklung von negativen Gedankenmustern, die durch Autosuggestion destruktive und ungeordnete Vorgehensweisen hervorbringen und uns damit auf unserer Reise zum Erfolg vom rechten Pfad abbringen. Wie es der Teufel erklärt, hasst die Natur das Vakuum, und in Abwesenheit klar umrissener Gedanken einer positiven Natur füllt sich der Geist mit ziellosen, negativen Gedanken. Diese negativen Gedanken organisieren sich zu destruktiven Gedankenmustern, und wenn man nichts dagegen unternimmt, werden sie vom hypnotischen Rhythmus aufgegriffen, der sie fest verankert. Ein untätiger Geist – mehr noch als die körperliche Untätigkeit – ist aller Laster Anfang.

Der Teufel nutzt auch einen apathischen Geist, um den Samen seiner eigenen Ideen einzupflanzen, und macht damit diese Individuen zu Agenten seiner Propaganda. Gedanken von Angst, Entmutigung, Hoffnungslosigkeit und Destruktivität geben dem Teufel Macht über unseren Geist. Akkurates Denken ist der Schlüssel dafür, unseren Geist vor dem Einfluss des Teufels zu schützen. Es wird durch die folgenden Eigenschaften charakterisiert:

- Frei von Dogmen, Vorurteilen oder dem Bedürfnis nach Zustimmung anderer zu sein.
- Glaube, Mut und Hoffnung zu empfinden und entschlossen auf ein Ziel zuzustreben.

Offenheit, Positivität und Entschlossenheit führen zu akkuratem Denken, das sich dann in konkreten, umsetzbaren Plänen Ausdruck verschafft. Akkurate Gedanken nutzen das Gesetz des hypnotischen Rhythmus, um unseren Erfolg zu fördern, indem sie uns ermöglichen, Gedankenstrukturen, Beziehungsstrukturen und Pläne aufzubauen, die dabei helfen, unser Verlangen in die Realität zu überführen.

»Die Person, die in Begriffen von Macht, Erfolg und Überfluss denkt, bestimmt einen Rhythmus, der diese begehrenswerten Besitztümer anzieht. Die Person, die in Begriffen von Elend, Versagen, Niederlagen, Entmutigung und Armut denkt, zieht diese unerwünschten Einflüsse an. Das erklärt, wieso sowohl Erfolg als auch

Versagen das Ergebnis von Gewohnheiten sind. Gewohnheiten geben den Gedanken einen Rhythmus vor und dieser Rhythmus zieht das Objekt an, das die eigenen Gedanken dominiert.«

VOM SAMEN ZUR SPIRALE …

Wurden Sie schon mal mitgerissen auf einen Pfad des toxischen Denkens und fühlten sich nicht in der Lage, sich der Abwärtsspirale zu entziehen – einem Zyklus, der mit nur einem winzigen Samen eines negativen Gedankens oder eines passiven Verlangens begann? Oder haben Sie schon einmal den unglaublichen Energieschub erlebt, der aus zielgerichteten, konstruktiven Gedankenmustern entsteht – Muster, die ihre Wurzel in einem einzigen positiven Gedankenimpuls hatten? Wenn ja, dann wurden Sie Zeuge der Macht der Autosuggestion, die gemeinsam mit dem hypnotischen Rhythmus zum Nutzen oder Schaden des Individuums wirkt, abhängig von der Natur unserer Gedanken.

Abgesehen von seltenen Umständen haben wir Kontrolle über unsere Gedanken. Öffnen Sie Ihren Geist nicht dem Einfluss der destruktiven Kräfte der Welt, denn sie werden Sie beim Streben nach Ihrem konkreten wichtigsten Lebensziel behindern. Stattdessen sollten Sie die Sprache der Gedanken meistern, indem Sie lernen, sich zu fokussieren und die Impulse in Ihrem Gehirn zu organisieren. Dieser Prozess umfasst die folgenden Schritte:

1. Konzentrieren Sie Ihren Verstand auf das Verlangen, das Ihnen am meisten unter den Nägeln brennt. Es kann hilfreich sein, einen Kontext zu schaffen, indem Sie eine Motivstruktur dafür kreieren. Die neun häufigsten konstruktiven Motive, die zu konkreten physischen Handlungen führen, sind die folgenden:
   - das Verlangen nach sexuellem Ausdruck und Liebe,
   - das Verlangen nach Nahrung für den Körper,
   - das Verlangen nach spirituellem, mentalem und physischem Selbstausdruck,
   - das Verlangen nach einem Leben nach dem Tod,
   - das Verlangen, Macht über andere zu haben,
   - das Verlangen nach materiellem Reichtum,
   - das Verlangen nach Wissen,
   - das Verlangen, andere nachzuahmen,
   - das Verlangen, besser als andere zu sein.

2. Geben Sie diesen Wünschen mehr emotionale Durchschlagskraft, indem Sie sie mit einer der folgenden positiven Emotionen aufladen:
   - Glaube
   - Liebe
   - Begehren
   - Enthusiasmus
   - Romantik
   - Hoffnung

3. Nutzen Sie aktive Autosuggestion und ermöglichen Sie dem hypnotischen Rhythmus, Ihre Gedankenmuster in Handlungen umzusetzen.

SCHRITTE ZUR SELBSTBESTIMMUNG

Kultivieren Sie ein Bewusstsein dafür, wie empfänglich Ihr Geist dafür ist, sich treiben zu lassen, indem Sie Momente aufschreiben, in denen Sie feststellten, dass Ihre Gedanken negativ, passiv und/oder unorganisiert wurden. Erkennen Sie dabei bestimmte Muster? Gibt es zum Beispiel eine bestimmte Tageszeit, Aktivität oder ein bestimmtes Gefühl, das mit destruktiven Gedanken korreliert? Wie können Sie basierend auf Ihren Beobachtungen Ihre Gedanken und Verhaltensweisen modifizieren, um sich selbst besser vor den Einflüssen des Teufels zu schützen?

KAPITEL 4

Sich treiben lassen

Sich treiben zu lassen, führt stets zum Scheitern!

Abschweifen ist der Zustand, in dem passives, negatives und unorganisiertes Denken zu gewohnheitsmäßiger Ziellosigkeit und Prokrastination führt und das Individuum letztlich scheitern lässt. Es ist die wichtigste Ursache, die dazu führt, dass ein Individuum Freiheit und Erfolg verspielt, denn Seelenfrieden findet man durch Freiheit der Gedanken und entschlossenen Dienst am Nächsten. Wie es das vorige Kapitel erklärte, gibt passives Denken – also den Geist für Einflüsse von außen zu öffnen und unorganisierte, ungefilterte Gedanken aufzunehmen und zirkulieren zu lassen – dem Teufel Macht über Ihre Gedanken, Gefühle und Verhaltensweisen. Menschen, die sich treiben lassen, denken kaum selbstständig. Sie lassen sich von externen Gedanken und Geschehnissen beeinflussen und letztlich kontrollieren. Sich treiben lassen führt aus drei Hauptgründen zum Versagen:

- Es gestattet dem Teufel, sich ein Individuum so zu formen, wie er es will.
- Es zerstört die persönliche Initiative.
- Es hindert den Gegner des Teufels – manche nennen ihn »Gott« – daran, zu intervenieren.

»Ein Leben, das in absolutem Seelenfrieden gelebt wird, mit Zufriedenheit und Glück, wird stets das abstoßen, was es nicht will! Jeder, der sich dem Verdruss hingibt, der durch Dinge ausgelöst wird, die er nicht will, lebt sein Leben nicht mit Bestimmtheit. Er lässt sich treiben!«

Wie kann man jemanden identifizieren, der sich treiben lässt, wenn man ihm begegnet? Wie können Sie feststellen, ob Sie auch unter diesem Laster leiden? Der Teufel bietet Ihnen die folgenden Anzeichen, dass Sie sich in der Gegenwart eines Menschen befinden, der sich treiben lässt:

- Ihm fehlt ein klar umrissenes Hauptziel im Leben.
- Ihm fehlt es an Selbstvertrauen.
- Er wird nichts erreichen, das Nachdenken und Anstrengung erfordert, noch wird er den Enthusiasmus oder die Initiative aufbringen, irgendein Projekt anzugehen, zu dem er nicht gezwungen wird.
- Er wird den einfachsten Weg wählen, um eine Aufgabe zu erledigen.

- Er ist ein Verschwender, der oft sehr zu seinem Nachteil Kredite ausreizt.
- Er leidet oft an Hypochondrie und bittet um spirituelle Hilfe selbst bei den kleinsten körperlichen Unannehmlichkeiten.
- Ihm fehlt es an Vorstellungskraft.
- Er ist emotional wankelmütig und hat oft schlechte Laune.
- Ihm fehlt es an Charisma und seine Persönlichkeit wirkt selten anziehend auf andere.
- Er hat eine Meinung zu allem, aber von nichts Ahnung.
- Er ist ein Hansdampf in allen Gassen, bringt jedoch in keinem Bereich Höchstleistungen.
- Er ist nicht geneigt, mit denen in seinem Umfeld zusammenzuarbeiten, selbst wenn er auf sie angewiesen ist, weil es um das tägliche Brot und ein Dach über dem Kopf geht.
- Er lernt nicht aus Fehlern und wird denselben Fehler immer wieder machen.
- Er ist engstirnig und intolerant gegenüber anderen Meinungen.
- Er verlangt das Beste von anderen, bietet aber im Gegenzug wenig oder gar nichts.
- Er beginnt viele Projekte, schließt jedoch wenige ab.
- Er ist ein stimmgewaltiger Kritiker der Regierung, hat aber keine klare Meinung, wie man es besser machen könnte.
- Er ist stets unentschlossen, und wenn er gezwungen ist, eine Entscheidung zu treffen, wird er bei der ersten Gelegenheit versuchen, sie zu revidieren.
- Er isst zu viel und treibt wenig Sport.

- Er trinkt nur auf Rechnung anderer, und Glückspiel betreibt er nur auf Pump.
- Er kritisiert andere, die erfolgreich ihrer Berufung folgen.
- Er wird eher lügen, als Unwissenheit zuzugeben.
- Er verbreitet Klatsch und Tratsch über andere hinter deren Rücken und schmeichelt denselben Leuten ins Angesicht.

»Wer sich treiben lässt, gibt sich mehr Mühe, nicht denken zu müssen, als andere an Mühe aufwenden, um einen ordentlichen Lebensunterhalt zu verdienen.«

Aufgrund ihrer Faulheit, Selbstzufriedenheit und Unwissenheit sind Menschen, die sich treiben lassen, ausgezeichnete Bauern im Schachspiel des Teufels, der sie nutzt, um Unruhe, Fantasterei und Angst in einer Gesellschaft zu verbreiten.

NUR 2 PROZENT DER WELTBEVÖLKERUNG VERWIRKLICHEN IHREN KONKRETEN LEBENSZWECK.

Diejenigen, die sich nicht treiben lassen, die 2 Prozent, die wahren und anhaltenden Erfolg erreichen, besitzen die folgenden Eigenschaften:

- Sie ergreifen stets konkrete Maßnahmen, die von einem konkreten, gut ausgearbeiteten Plan gestützt werden.

- Sie haben das Gefühl, einem Lebenszweck zu folgen, und das zeigt sich im Ton ihrer Stimme, der Entschlossenheit ihres Schritts, dem Leuchten in ihren Augen und der Schnelligkeit ihrer Entscheidungen.
- Sie haben eine direkte Antwort auf jede Frage.
- Sie tun gerne anderen einen Gefallen, aber nehmen selten einen an.
- Man findet sie stets an vorderster Front – im Spiel wie im Kampf.
- Sie geben es zu, wenn sie keine Antwort haben.
- Sie erinnern sich an all ihre Fehlschläge und geben diese offen zu.
- Sie geben nicht anderen die Schuld an Fehlern, selbst wenn die anderen schuld sind.
- Sie sind freigiebig; sie erbringen Höchstleistungen und lassen andere daran teilhaben.
- Sie sind eine großartige Inspirationsquelle für andere Menschen.

Während auf der einen Seite diejenigen, die sich treiben lassen, nicht selbst denken, verwirklichen diejenigen, die es nicht tun, ihr Recht auf eigenständiges Denken in allen Bereichen des Lebens. Sie sehen es als eine Freiheit an, die man freudig ergreifen und vor allen anderen schützen muss. Diejenigen, die sich treiben lassen, scheuen hingegen vor Verantwortung zurück und streben nach Erfolg, indem sie von anderer Leute Arbeit leben.

»Wer sich nicht treiben lässt, nimmt sich vom Leben, was er will, und zwar zu seinen eigenen Bedingungen! Der Herumtreiber nimmt sich, was immer er kriegen kann, aber zu den Bedingungen des Teufels.«

WIE VERFESTIGT DER TEUFEL BEI DEN MENSCHEN DIE GEWOHNHEIT DES SICH-TREIBEN-LASSENS?

Im Folgenden die Lieblingswerkzeuge des Teufels, um die Menschen dazu zu bringen, sich treiben zu lassen und daraus eine Gewohnheit zu machen:

- Prokrastination/Unentschlossenheit
- Angst
- Schmeichelei
- Propaganda
- Fehlschläge

Diese Werkzeuge können in verschiedenen Umgebungen eingesetzt werden, inklusive der folgenden:

- **Bildung:** Der Teufel verleitet die Kinder dazu, ohne klare Richtung die Schule zu durchlaufen. Dieses Fundament der Ziellosigkeit führt zur Ziellosigkeit bei allem.

- **Gesundheit:** Der Teufel bringt Menschen dazu, zu viel und das Falsche zu essen, was zu Verdauungsproblemen führt und akkurates Denken verhindert.
- **Ehe:** Der Teufel verlockt die Menschen zur Heirat, ohne einen Plan, wie eine harmonische Beziehung möglich ist. Dann bringt er die Eheleute dazu, sich über Geldprobleme zu streiten, über Unterschiede in der Erziehung, über ihre Freundschaften außerhalb der Ehe und ihre sozialen Aktivitäten.
- **Beruf:** Der Teufel ermutigt die Leute, sich von der Schule in den ersten Job treiben zu lassen, den sie finden können, mit wenig Gedanken darüber, wie ihre Karrieremöglichkeiten aussehen oder wie glücklich sie künftig sein werden.
- **Ersparnisse:** Der Teufel bringt die Menschen dazu, ohne Hemmungen Geld auszugeben und wenig – wenn überhaupt – zu sparen, damit er sie durch die Angst vor der Armut völlig kontrollieren kann.
- **Umgebung:** Der Teufel lockt die Menschen in unharmonische, toxische Umgebungen zu Hause, am Arbeitsplatz und bei ihren Beziehungen zu Freunden und Familie und ermutigt sie dann dazu, dort zu verweilen.
- **Beherrschende Gedanken:** Der Teufel erfüllt faule Geister mit negativen Gedanken, die zu destruktivem Verhalten führen, was wiederum Streitigkeiten und Angst nach sich zieht. Diese negativen Gedanken entstammen hauptsächlich religiösen Autoritäten, den Nachrichtenmedien und der Unterhaltung (Fernsehen, Film, Musik und Kunst).

ZUM GLÜCK GIBT UNS DER TEUFEL DIE FORMEL GEGEN DAS SICH-TREIBEN-LASSEN

Weil es eine Gewohnheit ist, sich treiben zu lassen, kann man es völlig vermeiden und, wenn es sich bereits ausgebildet hat, überwinden … solange die Gewohnheit unterbrochen wird, bevor der hypnotische Rhythmus sie sich zu eigen gemacht hat. Die Methoden zur Überwindung des Sich-treiben-Lassens, die der Teufel beschreibt, stehen jedem zur Verfügung, der im Vollbesitz seiner geistigen Kräfte und körperlich gesund ist:

- Machen Sie sich bei jeder Gelegenheit Ihre eigenen Gedanken.
- Entscheiden Sie konkret, was Sie sich vom Leben wünschen, legen Sie dann einen Plan fest, wie Sie es erreichen, und seien Sie bereit, falls nötig alles andere zu opfern, statt eine anhaltende Niederlage zu akzeptieren.
- Analysieren Sie alle zeitweiligen Niederlagen und extrahieren Sie daraus den Samen eines gleichwertigen Vorteils.
- Seien Sie bereit, anderen einen nützlichen Dienst zu erweisen, der denselben Wert hat wie die materiellen Dinge, die Sie vom Leben verlangen – und leisten Sie diesen Dienst, bevor Sie irgendetwas als Belohnung dafür erwarten.
- Aktivieren Sie Ihren Sechsten Sinn und stimmen Sie sich auf die Kommunikation mit der Unendlichen Intelligenz ein.

- Investieren Sie Ihr wertvollstes Kapital und das Einzige, das Ihnen von Anfang an gehört – Zeit –, in Vorhaben, die es wert sind. Budgetieren Sie die Zeit, damit keine verschwendet wird.
- Erkennen Sie, dass die Angst nur ein Füllmaterial ist, das vom Teufel genutzt wird, um die ungenutzten Bereiche Ihres Verstands auszufüllen, damit er daraus destruktive Gedankenmuster erwachsen lassen kann. Machen Sie sich klar, dass Sie diesen Geisteszustand vermeiden und heilen können, indem Sie den Raum, den er einnimmt, mit dem Glauben daran erfüllen, dass Ihnen das Leben das bieten kann, was immer Sie von ihm verlangen.
- Beten Sie, ohne zu betteln. Verlangen Sie, was Sie vom Leben wollen, und bestehen Sie darauf, genau das zu erhalten, ohne Trostpreise.
- Weigern Sie sich, vom Leben irgendetwas hinzunehmen, das Sie nicht wollen! Wenn etwas, das Sie nicht wollen, Ihnen aufgezwungen wird, weigern Sie sich, es anzunehmen, und Ihr Geist wird den Weg frei machen für das, was Sie wollen.
- Seien Sie vorsichtig, worauf sich Ihre Gedanken konzentrieren, denn Ihre vorherrschenden Gedanken ziehen ihr physisches Gegenstück unmittelbar und auf kürzestem Weg an.

Natürlich ist es bedeutend, anderen einen Dienst zu erweisen, denn der Teufel sagt an anderer Stelle, dass die beste Heilung für das Sich-treiben-Lassen darin besteht, so vielen Menschen wie möglich einen nützlichen Dienst zu erweisen.

»Gehen Sie stets klar und bestimmt vor und belassen Sie nie Gedanken in Ihrem Geist, die Sie nicht zu Ende gedacht haben. Gewöhnen Sie sich an, konkrete Entscheidungen zu allen Themen zu treffen!«

SCHRITTE ZUR SELBSTBESTIMMUNG

Betrachten Sie erneut die Liste der Eigenschaften eines Menschen, der sich treiben lässt. Welche dieser Merkmale weisen Sie momentan auf? Entwerfen Sie einen Plan, um diese zu eliminieren und durch Eigenschaften zu ersetzen, die charakteristisch sind für Menschen, die sich nicht treiben lassen.

KAPITEL 5

Hypnotischer Rhythmus

Jeder Gedankenimpuls, den der Geist wieder und wieder gewohnheitsmäßig wiederholt, bildet einen organisierten Rhythmus.

Wir alle kennen die Macht der Gewohnheit: Tun Sie etwas häufig genug, und es wird immer leichter, dieses Verhalten beizubehalten – und zunehmend schwerer, es irgendwie anders zu machen. Gewohnheiten sind wie Furchen im Verstand, die durch wiederholte Gedanken und Handlungen eingegraben werden. Wenn wir dieselben Gedankenmuster wiederholen, wird unser Hirn für gewöhnlich dieselben Erfahrungen machen.

Nicht alle Denkgewohnheiten werden auf die gleiche Weise gebildet: Einige stärken die Willenskraft, andere schwächen sie. Wenn erst einmal eine negative Gewohnheit geformt wurde, werden auch andere leichter im Geist Wurzeln schlagen. Wie es der Teufel erklärt: »Gewohnheiten kommen in Paaren, Trios, Vierergruppen. Jede Gewohnheit, die die Willenskraft schwächt, lädt die nächste Vierergruppe ein. Jede Gewohnheit, die die Willenskraft schwächt, lädt einen Haufen ihrer Verwandten ein, einzuziehen und den Geist in Besitz zu nehmen.«

Wie stehen Sie zu … Gewohnheiten?

Unabhängig davon, wie konstruktiv eine Gewohnheit scheinbar ist, sollten wir nie in dem Maße auf Autopilot schalten, dass wir unsere Gedankenfreiheit verlieren, denn der inaktive Geist bietet dem Teufel Raum für seine Ränkespiele. Alle Gewohnheiten sollten auf ein zweckdienliches Ziel gerichtet sein und planvoll kultiviert und erhalten werden.

Sowohl »gute« als auch »schlechte« Gewohnheiten werden vom hypnotischen Rhythmus kontrolliert, ein universelles Gesetz, durch das die Natur eine perfekte Balance herstellt, indem sie durch Rhythmus dauerhaft die wiederholten Gedanken und Verhaltensweisen des Menschen verankert. Der Teufel fängt die Menschen durch den hypnotischen Rhythmus, indem er durch angeborene Eigenschaften Zugang zu ihrem Geist erhält, wie:

- Angst
- Aberglaube
- Geiz

- Gier
- Lust
- Rachsucht
- Wut
- Eitelkeit
- Faulheit

Dann manipuliert der Teufel diese natürlichen Neigungen, um Gewohnheiten zu formen, die die Willenskraft des Individuums schwächen. Eine nach der anderen werden mentale Gewohnheiten kultiviert, die zu Verhaltensgewohnheiten führen, bis der Teufel die völlige Kontrolle über den Geist erhält.

Was denken Sie über … den Teufel?

Sie sollten nicht den Fehler machen, sich die Karikatur eines Teufels vorzustellen: Es gibt keinen rothäutigen Dämonen mit spitzem Schwanz und Dreizack, der in Ihrem Geist herumspukt, um Sie auf die dunkle Seite zu ziehen. Der Teufel ist nur eine Repräsentation der negativen Kräfte, die den guten im Universum entgegenstehen.

DAS GESETZ DES HYPNOTISCHEN RHYTHMUS IST DIE KONTROLLIERENDE KRAFT HINTER ALLEN ERFOLGSPRINZIPIEN.

Kein Erfolgsprinzip kann effektiv implementiert werden, wenn man nicht das Gesetz des hypnotischen Rhythmus versteht und koordiniert. Das Gesetz der Schwerkraft und alle natürlichen Gesetze, die ein Kräftegleichgewicht erhalten, sind nur Ausdrucksformen des Gesetzes des hypnotischen Rhythmus. Der Teufel erklärt, es gibt »eine universelle Form der Energie, mit der die Natur eine perfekte Balance zwischen aller Materie und Energie erhält«. Die Natur teilt dieses universelle Baumaterial auf verschiedene Wellenlängen auf, durch die Ausbildung von Gewohnheiten. Während Gewohnheiten im Geist verankert werden, harmonisieren sie sich, um ein strukturiertes Muster zu bilden – ein Muster, das seine eigene Natur ausbildet, wenn es von den größeren Kräften des hypnotischen Rhythmus gelenkt wird.

»Wenn derselbe Gedanke im Geist fixiert oder dort durch Vernachlässigung für eine gewisse Zeit belassen wird, übernimmt die Natur das Ruder, durch den Rhythmus der Gewohnheit, und macht ihn permanent.«

Unerwünschte Gewohnheiten können gebrochen werden, aber man muss ihr Herr werden, bevor sie ein solches Ausmaß annehmen, dass der Rhythmus ins Spiel kommt. Sobald eine Gewohnheit durch Wiederholung die Ebene des Rhythmus erreicht, kann die Gewohnheit nicht mehr gebrochen werden, denn die Natur übernimmt die Kontrolle und verankert sie permanent. Stellen Sie sich einen Wasserwirbel vor, der ein Objekt einfängt und ewig im Kreis herumwirbelt. Der menschliche Gedanke tritt durch Wellenlängen von Energie auf, die man mit dem Wasser in einem Fluss vergleichen kann. Ein Gedanke ist ein Objekt in diesem Fluss: Er wird ungehindert dahintreiben, bis er zu lange im Geist verweilt, ob absichtlich oder durch Vernachlässigung. An dem Punkt übernimmt die Natur, und sein Pfad wird permanent festgelegt, ohne Fluchtmöglichkeit. Wo dieser Wasserwirbel liegt, ist bei jedem unterschiedlich, aber sobald man darauf trifft, wird es fast unmöglich, die Gewohnheit des Sich-treiben-Lassens abzuschütteln und das Recht, den eigenen Geist zu nutzen, zurückzuerobern.

WIE KÖNNEN SIE DIE GEWOHNHEIT DES SICH-TREIBEN-LASSENS BRECHEN, BEVOR DER HYPNOTISCHE RHYTHMUS SIE PERMANENT VERANKERT?

Nutzlose oder destruktive Gewohnheiten, die beide auf ihre jeweils eigene Weise schädlich sind, können auf die folgenden acht Arten gebrochen werden:

- ein brennendes Verlangen, die Gewohnheit zu durchbrechen
- ein konkretes Ziel
- Selbstdisziplin

- die Fähigkeit, aus Widerständen zu lernen
- Umgebung
- Zeit
- Harmonie
- Sorgfalt

Das erste Prinzip – das starke Verlangen, eine Gewohnheit zu brechen, bevor der Rhythmus sie permanent verfestigt – steht der Gleichgültigkeit entgegen, die in erster Linie die Gewohnheit des Sich-treiben-Lassens genährt hat. Apathie und Mangel an Ehrgeiz führen zu Teilnahmslosigkeit, was dem Teufel erlaubt, einen Fuß in die Tür zum Geist eines Individuums zu bekommen. Die übrigen sieben Konzepte sind Inhalt der nächsten sieben Kapitel.

SCHRITTE ZUR SELBSTBESTIMMUNG

Der Teufel gibt zu, dass »hypnotischer Rhythmus etwas ist, das genauer studiert, verstanden und aus freien Stücken angewendet werden sollte, um ein konkretes, *angestrebtes* Ziel zu erreichen«. Wie würden Sie das Gesetz des hypnotischen Rhythmus in Ihren eigenen Worten zusammenfassen? Gibt es Beispiele, die Sie nennen können, wie man es anwendet?

Welche Denkgewohnheiten haben Sie im Moment, die negativ vom hypnotischen Rhythmus in Beschlag genommen werden könnten? Erstellen Sie einen Plan, wie Sie gedankliche Gewohnheiten ausbilden können, die es Ihnen ermöglichen, die Macht des hypnotischen Rhythmus zu Ihrem Vorteil zu nutzen.

KAPITEL 6

Mit Entschlossenheit ein Ziel verfolgen

Alle Gewohnheiten, abgesehen der Gewohnheit, fest entschlossen zu sein, können zur Gewohnheit des Sich-treiben-Lassens führen!

Das wichtigste Prinzip, um die Gewohnheit des Sich-treiben-Lassens zu durchbrechen, bevor der hypnotische Rhythmus sie dauerhaft verankert, ist die Entschlossenheit, ein Ziel zu verfolgen. Wenn wir diese Entschlossenheit besitzen, fokussieren wir uns auf etwas Singuläres, haben ein gründliches Verständnis unserer Motivationen und Ziele, nehmen uns etwas fest vor und sind nicht bereit, eine Niederlage als endgültig zu akzeptieren. Entschlossenheit lässt aus Vorsätzen Handlungen entstehen.

DER WEG ZUR HÖLLE IST GEPFLASTERT MIT GUTEN VORSÄTZEN.

Wenn ein guter Vorsatz nicht die Qualität der Entschlossenheit erlangt, kann er zum Sich-treiben-Lassen führen. Dieses führt dann durch die Wirkung des hypnotischen Rhythmus in der Tat zur psychologischen und physischen Hölle. Vorsätze verleiten uns dazu, zu glauben, dass es uns gut geht, weil wir es gut meinen.

Was denken Sie über … die Liebe als eine Bedrohung für die Entschlossenheit?

Der Teufel gesteht ein, »jedes Prinzip des Guten trägt in sich den Samen einer ebenso großen Gefahr«. Die Liebe zu irgendetwas, abgesehen von der Entschlossenheit, kann gefährlich sein, da die Liebe die Willenskraft und das akkurate Denken unterdrücken kann. Aus diesem Grund nennt der Teufel Liebe und Angst als seine zwei effektivsten Waffen, um Menschen zur Gewohnheit des Sich-treiben-Lassens zu verlocken. Individuen, die entweder von Liebe oder Angst überwältigt werden, können sich das Prinzip der Entschlossenheit zunutze machen, mithilfe dessen sie verhindern können, dass das Gesetz des hypnotischen Rhythmus eine destruktive Gewohnheit zu etwas Dauerhaftem macht.

Aber Gedanken ohne die Struktur der Gewohnheit führen schnell zur Ziellosigkeit, die charakterisiert ist durch das Sich-treiben-Lassen. Daher ist es unsere Aufgabe, unsere Vorsätze zu einem konkreten Ziel zu machen, das von einem konkreten Plan gestützt ist.

Wenn Sie sich nicht mit den Brosamen des Lebens begnügen wollen – wenn Sie sich über die 98 Prozent der Menschen erheben wollen, die kein konkretes Ziel im Leben haben –, dann müssen Sie Ihr konkretes Hauptziel im Leben identifizieren, die eine Sache, die Sie mehr als alles andere im Leben begehren. Das kann mit Geld zu tun haben oder damit, Macht im Leben anzuhäufen, oder es kann die Qualität Ihrer Beziehungen betreffen – Sie selbst müssen entscheiden, wie Sie Erfolg definieren wollen.

»Die Person, die nicht genau weiß, was sie vom Leben will, muss hinnehmen, was das Leben für sie übriglässt, nachdem diejenigen, die Entschlossenheit zu ihrer Richtlinie erkoren haben, sich das ihrige ausgewählt haben.«

Ein konkretes Hauptziel ist mehr als ein Gedankenimpuls; es ist ein Geisteszustand, durch den ein Verlangen zu einem allumfassenden Antrieb heranwächst, ein bestimmtes Ziel zu erreichen, auf der Basis des Glaubens an den eigenen Erfolg. Ein konkretes Hauptziel hat drei Eigenschaften:

- Es ist konkret; es hat spezifische Merkmale.
- Es ist vorherrschend; es ist allen anderen Gedanken vorgeordnet.
- Es wird durch festen Glauben gestützt oder die Sicherheit, dass Sie es erreichen werden.

Alles, was wir glauben und tun, sollte in völliger Übereinstimmung mit diesem konkreten Hauptziel sein und jeder Widerstand, der sich dem entgegenstellt, sollte als Möglichkeit gesehen werden, unsere eigenen Anstrengungen zu mehren und innovativ zu sein, statt als Entschuldigung, unsere Träume aufzugeben.

ENTSCHLOSSENHEIT IN DEN KLEINEN DINGEN FÜHRT ZU ENTSCHLOSSENHEIT BEI DEN GROSSEN DINGEN.

Entschlossenheit ist wie ein Muskel, der durch regelmäßige Übung gestärkt wird. Wenn Sie Entschlossenheit in den alltäglichen Aspekten des Lebens einüben, werden Sie besser vorbereitet sein, um Entschlossenheit mit Sicht auf Ihr Hauptziel im Leben walten zu lassen. Wenn Sie zum Beispiel eine konkrete Entscheidung treffen, zu welcher Zeit Sie am Morgen aufwachen wollen – einen Wecker stellen und entschlossen aufstehen, sobald er das erste Mal klingelt –, dann schafft das einen Anschub, der Ihre Entschlossenheit während des restlichen Tages stärkt.

Passen Sie auf, denn der Teufel wird versuchen, Ihre Bemühungen zu durchkreuzen, indem er Sie mit Gedankenmustern ködert, denen Sie sich nur zu gerne hingeben würden. Wenn Sie zum Beispiel gerne verreisen würden, wird er Sie zu einem Tagtraum von einer Reise verlocken, statt die konkreten Schritte zu unternehmen, um Ihre Fantasie in die Realität zu überführen.

Um Ihr bedeutendstes Verlangen in sein materielles Gegenstück zu überführen, können wir die folgende Formel für Entschlossenheit nutzen:

Formel für das entschlossene Anstreben eines Ziels

1. Stellen Sie sich im Geist das genaue Objekt vor, das Sie anstreben (zum Beispiel eine bestimmte Geldsumme, eine bestimmte Position, eine bestimmte Beziehung et cetera).

2. Legen Sie konkret fest, was Sie zu geben bereit sind, um Ihr konkretes Ziel zu erreichen.

3. Legen Sie eine Deadline fest, um Ihr konkretes Ziel zu erreichen.

4. Entwerfen Sie einen konkreten Plan, um Ihr konkretes Ziel zu erreichen, und beginnen Sie sofort mit der Umsetzung. Verlassen Sie sich nicht allein auf Logik

oder Vernunft. Sehen Sie sich noch einmal das Kapitel über den Sechsten Sinn an, um Hilfestellung zu erhalten, wie Sie die kreative Vorstellungskraft einsetzen können, um konkrete Pläne zu entwickeln.

5. Fassen Sie Ihre Reaktionen auf die oberen vier Schritte zusammen und schreiben Sie diese als klares, knappes Statement auf.

6. Lesen Sie sich dieses Statement zweimal am Tag laut vor – einmal kurz nach dem Aufstehen und einmal direkt vor dem Zubettgehen. Während Sie Ihr konkretes Hauptziel rezitieren, sollten Sie sehen, fühlen und glauben, dass Sie bereits im Besitz dessen sind, was Sie begehren.

Eine andere Art, diese Formel auszudrücken, ist die Aussage, dass »das vorherrschende Verlangen, das man hegt, sich in sein physisches Äquivalent kristallisieren lässt, indem man eine entschlossene Zielstrebigkeit ausbildet, unterstützt von einem entschlossenen Plan mithilfe des natürlichen Gesetzes des hypnotischen Rhythmus und durch Zeit«. Wenn Sie dieses Rezept für Entschlossenheit im Gedächtnis behalten und umsetzen, können Sie im Leben siegreich sein.

ENTSCHLOSSENHEIT WIRKT INSPIRIEREND FÜR INNOVATIVES DENKEN, KULTIVIERT EINFLUSSMÖGLICHKEITEN UND ZIEHT REICHTÜMER AN.

Entschlossene Zielstrebigkeit unterscheidet die wahrlich erfolgreichen Individuen von denjenigen, die den negativen Einflüssen des hypnotischen Rhythmus erliegen. Sie ist das, was Henry Ford, Franklin D. Roosevelt und Thomas Edison zum Erfolg katapultiert hat und was Hitler und Al Capone mächtig (und berüchtigt) gemacht hat. Diejenigen, denen es an Entschlossenheit fehlt, können sich nicht mit denen messen, die diese Qualität besitzen. Was wird Ihre Waffe gegen das Sich-treiben-Lassen sein und der Schlüssel zum Erfolg?

»Jeder Mensch, der entschlossen ist, wenn es um seine Ziele und Pläne geht, kann das Leben dazu bringen, ihm zu geben, was er will!«

SCHRITTE ZUR SELBSTBESTIMMUNG

Schreiben Sie eine Liste an Hindernissen auf, die Ihrer Entschlossenheit im Leben entgegenstehen. Werfen Sie einen Blick auf gute Absichten, natürliche Neigungen, gedankliche Gewohnheiten, Einflüsse der Umgebung und andere Pfade, die zum Sich-treiben-Lassen führen können. Identifizieren Sie drei konstruktive gedankliche Gewohnheiten, die Ihnen helfen werden, Entschlossenheit zu bewahren, wenn diese Versuchungen auftreten.

KAPITEL 7

SELBSTDISZIPLIN

Die Person, die sich nicht selbst im Griff hat,
kann niemals andere im Griff haben.

Um entschlossen und zielgerichtet zu denken und zu handeln, müssen wir Selbstkontrolle oder Selbstdisziplin besitzen. Tatsächlich ist die destruktivste Form der Unentschlossenheit ein Mangel an Selbstbeherrschung. Die fünf verbleibenden Absicherungen gegen das Sich-treiben-Lassen (aus Widerständen lernen, Umgebung, Zeit, Harmonie und Vorsicht) sind alle Ausdrucksformen des Prinzips der Selbstdisziplin. Der Teufel geht sogar so weit, zu sagen, dass Menschen ihm nacheifern sollten, denn er verliert nie die Selbstkontrolle. Aber genauso wenig tut es seine Gegenseite, denn beide unterliegen den Schranken natürlicher Gesetze. Nur Menschen besitzen das Privileg, unabhängig denken zu können, wodurch sie gegen das natürliche Gesetz handeln können. Natürlich kann ihr Verstoß dagegen nur temporärer Natur sein. Das Gesetz der Kompensation, eine Manifestation des hypnotischen Rhythmus, stellt sicher, dass Individuen letztlich in gleichem Maß ernten, was sie säen.

Es gibt vier primäre Sorten des Appetits, die jeder meistern muss, um genug Selbstdisziplin zu entwickeln und nicht der Verlockung des Sich-treiben-Lassens zu erliegen:

- das Verlangen nach Nahrung,
- das Verlangen, sich durch Sexualität Ausdruck zu verleihen,
- das Verlangen, seine Meinung in wenig organisierter Form zum Ausdruck zu bringen,
- das Verlangen, sich spirituellen Orgien in Form irgendeiner religiösen Zeremonie hinzugeben.

Weil es sich dabei um etwas handelt, wonach wir natürlicherweise verlangen, kann es sich nicht völlig vermeiden lassen, aber diese Tatsache bietet uns die Gelegenheit, Willenskraft und Entschlusskraft zu entwickeln, um eine Wertschätzung für Mäßigung und Ausgewogenheit zu kultivieren und unsere Fähigkeit zu verbessern, unser natürliches Verlangen auf ein produktives Ziel hin zu kanalisieren.

Was halten Sie vom … Gesetz des Ausgleichs?

In seinem Essay »Compensation« beschreibt Ralph Waldo Emerson, dass jeder Mensch in seinem Leben gemäß der Natur seiner Handlungen belohnt oder bestraft wird. Es mag nicht so aussehen, als würde die Strafe direkt mit dem Übel in Verbindung stehen – sie könnte verzögert erfolgen oder sich einen anderen Ausdruck suchen (wie etwa Angst statt eines offensichtlichen Fehlschlags) –, aber sie hat auf irgendeine Weise mit der Übertretung zu tun. Hypnotischer Rhythmus stellt sicher, dass alle Kräfte auf harmonische Weise ausbalanciert werden. Das gleiche Prinzip trifft auf konstruktive Gedanken und Handlungen zu: Leisten Sie anderen einen nützlichen Dienst und fördern Sie harmonische Beziehungen und das Universum wird Sie auf äquivalente, wenn auch nicht notwendigerweise identische Weise belohnen.

IHR MAGEN UND IHR HIRN SIND VERBUNDEN.

Zu viel Nahrung aufzunehmen, vor allem die falsche Art Nahrung, beeinflusst die Qualität Ihrer Gedanken. Übermäßiger Verzehr gehaltvoller, ungesunder Lebensmittel verlangsamt die Verdauung, die körperliche Bewegung und die Wahrnehmung, was dazu führt, dass wir leicht reizbar und nervös werden und die Fähigkeit verlieren, uns zu konzentrieren oder kritisch zu denken. Um das Verlangen nach Nahrung zu beherrschen, müssen wir auf die Menge und Qualität der Nahrung achten, die wir konsumieren, und sicherstellen, dass unser Speiseplan genug Ballaststoffe enthält, um eine effiziente Verdauung zu gewährleisten. Mehr darüber, wie man den natürlichen Hunger kontrolliert, finden Sie in Kapitel 11.

SEX IST EIN PRODUKTIVES VERLANGEN … WENN MAN ES ANGEMESSEN KANALISIERT.

Eine übermäßige Beschäftigung mit Sex zehrt unsere kreative und körperliche Energie auf und zerstört infolgedessen unser Charisma, dämpft unseren Enthusiasmus und ruft Negativität hervor. Weil Ehrgeiz und persönliche Initiative unterdrückt werden, resultiert daraus Lustlosigkeit. Aber eine komplette Unterdrückung der Emotionen, die mit Sex zu tun haben, führt dazu, dass sie sich in anderen, weniger erstrebenswerten Formen Bahn brechen. Um in diesem Bereich Selbstkontrolle zu erlangen, konvertieren Sie die sexuelle Emotion in die Antriebskraft hinter Ihren beruflichen Bestrebungen. Wenn Sie sie angemessen kanalisieren, werden Sie die magnetische Kraft entwickeln, die charakteristisch für anziehende Persönlichkeiten ist; eine Vitalität in Ausdruck und Haltung, Schwung auf Ihrem Weg zum Erfolg, verbesserte physische und mentale Gesundheit, gesteigerte Kreativität, effizientere und entschlossenere Entscheidungsfindung, eine leichtere Überwindung von Hindernissen, Immunität gegenüber den Verlockungen der Faulheit und Prokrastination und noch einiges mehr.

MENSCHEN, DIE ZU VIEL REDEN, DENKEN NORMALERWEISE ZU WENIG.

Das Verlangen, nur locker strukturierte Meinungen auszudrücken, ist uns allen angeboren. Wir reden zu viel und zu früh, denn wir wollen unsere Eitelkeit und unser Ego füttern; wir verlangen nach Aufmerksamkeit. Aber anderen seine Gedanken zu freigiebig mitzuteilen, kann den gegenteiligen Effekt haben: Es verärgert unser Publikum und zerstört Selbstrespekt. Dieser Drang ist der Grund, wieso es so viel Fehlinformation in der Welt gibt: Er bringt die Menschen dazu, zu schätzen, wenn sie nach Fakten suchen sollten, um ihre Meinung zu bilden, Ideen zu kreieren oder Pläne zu entwickeln. Er führt zu zerstreutem Denken und Handeln, in dem Ausmaß, dass ein Individuum viele Projekte beginnt, aber selten eines abschließt. Wenn wir anderen zu viel mitteilen, laden wir andere dazu ein, von unseren eigenen Ideen zu profitieren oder sich einzumischen. Aber es liegt große Macht in gründlich überlegten, gut recherchierten Ideen, die mit Gefühl, Kohärenz und Bestimmtheit vorgetragen werden. Sie sollten danach streben, zuzuhören und zu lernen, und Ihre Gedanken nur dann mitteilen, wenn die Situation nach präziser, wohlabgewogener Sprache verlangt.

RELIGIÖSE EMOTION VERLEITET DIE MENSCHEN ZU UNAUSGEWOGENEM DENKEN.

Der Teufel hat nicht etwa ein Problem mit religiösen Ausdrucksformen, weil sie seinen Zielen zuwiderlaufen könnten; tatsächlich ist es so, wie in Kapitel 15 behandelt werden wird, dass die meisten religiösen Ausdrucksformen seine Macht über die Welt stärken. Den Menschen ist ein Verlangen angeboren, sich an religiösen Zeremonien zu beteiligen, die sie in einen Zustand spirituellen und emotionalen Aufruhrs versetzen. Hauptsächlich durch die Angst vor dem Teufel und dem Leben nach dem Tod motiviert, zerbrechen diese Erfahrungen die Verbindung der Menschen mit der Unendlichen Intelligenz, denn sie zerstören Vernunft, Willenskraft und das Fundament an vernünftigem Urteil und akkuratem Denken und öffnen damit den negativen Wirkungen des hypnotischen Rhythmus Tür und Tor. Das Verlangen, sich an spirituellen Orgien zu beteiligen, kann zu einem dauerhaften Verlust des mentalen Gleichgewichts führen. Um die Selbstdisziplin in der Domäne der religiösen Erfahrung zu stärken, sollten Sie realisieren, dass es nichts gibt, was durch alle Universen hinweg zum Guten oder Bösen wirkt, als die Kraft der natürlichen Gesetze.

SCHRITTE ZUR SELBSTBESTIMMUNG

Beschreiben Sie, wie Sie sich damit mühen, eine oder mehrere der vier Formen des natürlichen Appetits zu kontrollieren. Erstellen Sie dann einen Plan, wie Sie diese meistern, indem Sie die in diesem Kapitel skizzierten Prinzipien nutzen.

KAPITEL 8

Aus Widerständen lernen

Versagen ist ein menschengemachter Umstand.
Es ist nie real, bis es vom Menschen als
dauerhaft hingenommen wird.

Im Gegensatz zu dem, was wir uns selbst einreden, sind Widerstände nicht das Ergebnis von Pech oder einem widrigen Schicksal. Selbst wenn wir es nicht verdient haben, dass ein Ergebnis negativ ausfällt, können wir aufgrund unserer Gedanken und Verhaltensweisen als Familie, Gemeinde, Nation und sogar globale Gesellschaft auf die Probe gestellt werden. Das Gesetz der Kompensation findet auf kollektive Verhaltensweisen genauso Anwendung wie auf individuelle und stellt sicher, dass das, was wir in ein System hineinstecken, äquivalent zu dem ist, was herauskommt. Das natürliche Gesetz, das stets darauf konzentriert ist, Harmonie zu erhalten und wiederherzustellen, garantiert, dass wiederkehrende negative Gedankenmuster und Handlungen zu Widerständen führen. Mithilfe der Zeit konsolidiert der hypnotische Rhythmus eine Reihe von Umständen zu einem erkennbaren Muster – einer eingegrabenen Spur an mentalen Gewohnheiten und Verhaltensweisen –, das sich letztlich als individuelles Missgeschick manifestiert oder in größerem Maßstab als Wirtschaftskrise und andere Unglücke, die viele Menschen betreffen.

VERSAGEN IST NIE ENDGÜLTIG.

Unabhängig davon, ob wir auf Missgeschicke treffen, ist der wichtigste Faktor, der das Ergebnis beeinflusst, wie wir darauf reagieren. Die große Mehrheit der Menschen lässt sich jedoch treiben, sobald sie auf Widerstände trifft, und laut dem Teufel, »wird nicht einmal einer von zehntausend es nach zwei oder drei Fehlschlägen weiter versuchen«.

Fehlschläge führen dazu, dass sich die meisten Menschen treiben lassen, denn sie untergraben die Moral, das Selbstvertrauen, den Enthusiasmus, die Vorstellungskraft und die Zielstrebigkeit beim Verfolgen eines konkreten Lebenszwecks. Während diese Qualitäten untergraben werden, sind wir eher geneigt, eine zeitweise Niederlage als Versagen zu interpretieren, statt sie als Treibstoff auf unserem Weg zum Erfolg zu nutzen.

Aber Fehlschläge müssen nicht diktieren, welche Ergebnisse wir letztlich erzielen – wenn wir die richtige Einstellung mitbringen. Wie der Teufel enthüllt: »Das Leben gibt jedem die Macht des positiven Denkens, die ausreichend ist, alle Umstände zu meistern, in denen man auf Widerstände trifft, und sie in persönlichen Nutzen zu verwandeln.« Unsere geistige Einstellung ist völlig demokratisch: Egal, wo Sie gerade im Leben stehen, können Sie Ihre Gedanken auf eine Weise kontrollieren, die Ihnen ein Antrieb sein wird auf dem Weg, Ihr konkretes Hauptziel im Leben zu erreichen.

»Jeder Widerstand trägt in sich den Samen eines gleichgroßen Vorteils.«

Um in herausfordernden Zeiten zu überleben – und sogar zu florieren –, müssen wir zwei Dinge im Gedächtnis behalten:

- Egal, wie schwierig ein Problem sein mag, es gibt immer eine Lösung – wenn nicht eine, die das Problem »löst«, so zumindest eine, die einen produktiven Pfad vorwärts bietet.
- In jeder temporären Niederlage liegt das Potenzial für großen Erfolg – *wenn* man sie als Motivation sieht, neue Pläne zu machen und neue Chancen zu identifizieren.

Jede große Führungsgestalt, jeder Unternehmer und Innovator trifft auf Schwierigkeiten und sieht sich zeitweiligen Niederlagen gegenüber, bevor er oder sie »ankommt«. Was diese Individuen vom Durchschnittsmenschen unterscheidet, ist die Tatsache, dass sie eine entscheidende Qualität besitzen, die man Durchhaltevermögen nennt: Sie beißen sich hartnäckig durch die Herausforderungen des Lebens und gehen siegreich daraus hervor. Nicht nur überwinden sie Fehlschläge, sondern sie betrachten sie auch genau und entdecken darin den Samen des Erfolgs. Sehen Sie sich die Beispiele an, die von Thomas Edison und Henry Ford gesetzt wurden: Keiner von ihnen gab auf, als er auf dem Weg zu Innovationen auf Widerstände stieß. Ihr Erfolg stand in direktem Verhältnis zu ihrer Fähigkeit, zeitweilige Niederlagen zu überwinden. Häufig scheitert jemand nicht, weil er unfähig ist, sondern weil er aufgibt.

»Der Erfolg ist für gewöhnlich nur einen kleinen Schritt entfernt von dem Punkt, an dem man die Waffen gestreckt hat.«

WIDERSTÄNDE BIETEN EINE CHANCE, SICH FÜR DEN ERFOLG NEU AUFZUSTELLEN.

Auch wenn Fehlschläge die Angewohnheit des Sich-treiben-Lassens auslösen oder möglicherweise verstärken, können sie den hypnotischen Rhythmus und seinen Einfluss unterbrechen, denn sie bieten eine Möglichkeit, den Geist komplett neu auszurichten und neu anzufangen.

Fehlschläge bringen uns manchmal an einen Krisenpegel, der so intensiv ist, dass er unseren Geist von aller Angst befreit, destruktive Gewohnheiten durchbricht und einen neuen Start in eine andere Richtung ermöglicht, in der wir einen neuen, konstruktiveren Rhythmus finden können. Nehmen Sie sich einen Moment, um die folgenden Vorteile von Widerständen schätzen zu lernen:

- Widerstände zwingen uns, unsere Schwächen zu finden und zu kompensieren.
- Widerstände geben uns die Chance, uns selbst auszutesten und zu erfahren, wie viel Willenskraft wir haben.
- Widerstände zwingen uns, viele Wahrheiten zu lernen, die wir andererseits nicht entdeckt hätten.
- Widerstände helfen uns, die Macht der Selbstdisziplin schätzen zu lernen, um uns dem Griff des hypnotischen Rhythmus zu entziehen.
- Widerstände ermöglichen es uns, einen Fehler zu finden, wenn es um unsere Zielsetzung oder darum geht, welche Pläne wir machen, um diese Ziele zu erreichen.
- Widerstände heilen uns von Eitelkeit und Egozentrik.
- Widerstände hemmen die Selbstsucht, ermutigen uns zur Zusammenarbeit und dazu, sich auf andere zu verlassen.
- Widerstände drängen uns zu Meditation und Introspektion, um Mittel und Wege zu finden, konkrete Ziele zu erreichen, was oft zu Entdeckungen und der Nutzung des Sechsten Sinns führt.
- Widerstände fordern uns heraus, zu erkennen, dass wir Erkenntnisse von außerhalb brauchen.
- Widerstände durchbrechen alte Gedankenmuster und bieten die Möglichkeit, neue Gedankenmuster auszubilden und dadurch das Wirken des hypnotischen Rhythmus von negativen hin auf positive Ziele auszurichten.

Der letzte dieser Vorteile ist bei Weitem der größte, denn nichts anderes kann die Kraft des hypnotischen Rhythmus durchbrechen und neu ausrichten, wie es Widerstände vermögen. Um diese Widerstände zu Chancen zu machen, müssen wir die Ressourcen nutzen, die uns zur Verfügung stehen:

- die synthetische Vorstellungskraft, auch bekannt als Vernunft,
- die kreative Vorstellungskraft, auch bekannt als Sechster Sinn,
- die Mastermind-Gruppe,
- Ihr »anderes Selbst«.

Das »andere Selbst« ist die Kraft, die uns hilft, die Umklammerung des hypnotischen Rhythmus zu durchbrechen, wenn Widerstände und Fehlschläge die präexistenten Muster aufbrechen. Es erscheint »in Zeiten ungewöhnlicher Notfälle, wenn Menschen durch Widerstände und zeitweilige Niederlagen gezwungen werden, ihre Gewohnheiten zu ändern und sich durch Nachdenken aus den Schwierigkeiten herauszumanövrieren«.

Wenn wir »ganz am Boden« sind – wenn wir glauben, uns seien alle Optionen ausgegangen, und wir absolut keine Idee haben, wie wir einer schwierigen Situation entkommen sollen –, hören wir oft die Stimme des anderen Selbst, einer Glaubensentität, die »keine Grenzen kennt, keine Ängste hat und ein Wort wie ›unmöglich‹ nicht kennt«. Anders als die Angstentität, die uns dazu bringt, eine Niederlage zu akzeptieren, bietet uns das andere Selbst das Selbstvertrauen, das wir brauchen, um konkrete Pläne zu identifizieren, mit denen wir uns von einem Fehlschlag erholen können.

Das andere Selbst arbeitet, indem es sich mit dem Sechsten Sinn verbindet, um neue Einsichten zu generieren, wie man sein konkretes Hauptziel im Leben erreicht. Es kommuniziert seine Inspirationen durch das Medium der Gedanken, die mit solcher Wirkkraft auftreten, dass sie leicht von normalen, selbstgenerierten Gedanken unterschieden werden können. Die Entität, die für unsere Ängste zuständig ist, wird überwunden, indem wir von unserem Minderwertigkeitskomplex abrücken, von unserem Gefühl, nicht gut genug zu sein. Auch wenn das andere Selbst die Angstentität entthronen kann, stirbt sie letztlich nie; sie verfällt nur in Winterschlaf und wartet auf eine Gelegenheit, wieder zu dominieren. Demgemäß müssen wir uns auf die neue Glaubensentität einstimmen und unseren Geist vor einengenden, angstbasierten Gedanken schützen.

»Wir können große Kräfte in unserem ›anderen Selbst‹ entdecken! Suchen Sie engagiert und Sie werden sie finden.«

SCHRITTE ZUR SELBSTBESTIMMUNG

Wenn Sie über Ihre Lebenserfahrung bis zu diesem Punkt nachdenken, welche Chancen können Sie identifizieren, die aus Schwierigkeiten und Fehlschlägen entstanden sind? Können Sie basierend auf dieser Einsicht den Samen des Erfolgs erkennen, der in Hindernissen oder Herausforderungen versteckt ist, mit denen Sie momentan konfrontiert sind?

KAPITEL 9

Umgebung

Alle Menschen absorbieren und übernehmen, bewusst oder unbewusst, die Gedankenmuster von denjenigen, denen sie nahestehen.

Unsere Umgebung ist der Schlüssel für unseren Erfolg oder Misserfolg. Weil Ihr Geist nie stillsteht, absorbiert er stets externe Sinneseindrücke – zum Guten oder Schlechten. Daher müssen wir uns die physischen und emotionalen Kräfte bewusst machen, die stets auf uns wirken.

Jede Umgebung hat ihren konkreten, unterscheidbaren Rhythmus, und je mehr Zeit wir in einer bestimmten Umgebung verbringen, desto mehr richten sich unsere Gedanken gemäß diesem Rhythmus aus und passen buchstäblich ihr Tempo an dieselbe Schwingungsrate an. Während der hypnotische Rhythmus auf unsere Gedanken und unsere Umgebung einwirkt, werden sich die Rhythmen von beiden mit der Zeit permanent einprägen.

Wie stehen Sie zu … »nature vs. nurture«?

Man sagt oft, dass »wir der Durchschnitt aus den fünf Menschen sind, mit denen wir die meiste Zeit verbringen«. Das Gesetz des hypnotischen Rhythmus bietet eine physische Begründung dafür: Die Natur sorgt dafür, dass unser Geist sich mit den Einflüssen aus der Umgebung harmonisiert – besonders den Aspekten der Umgebung, die aus unserer Beziehung mit anderen Menschen entstehen. Obwohl wir einen freien Willen haben, legt unsere Umgebung fest, wie die Natur unserer Gedanken aussieht. Toxische Umgebungen produzieren toxische Gedankenmuster und umgekehrt. Während unsere angeborenen Stärken sicher eine Rolle für unseren Erfolg spielen, können die Einflüsse aus der Umgebung der Grund sein, wieso diese Stärken florieren oder verkümmern.

SOWOHL NACHAHMUNG ALS AUCH SCHMEICHELEI SIND WEGE, DIE DAZU FÜHREN, DASS MAN SICH TREIBEN LÄSST.

Die dominierenden Einflüsse, auf die unser Geist am meisten anspricht, sind diejenigen, die aus der Verbindung zum Geist anderer Menschen entstehen. Wie der Teufel sagt: »Alle Menschen absorbieren und übernehmen, bewusst oder unbewusst, die Gedankenmuster von denjenigen, denen sie nahestehen.«

Wir ahmen die Gedankenmuster und dann die Verhaltensweisen anderer Menschen nach, und diese Nachahmung wird zu einer festen Gewohnheit, die vom Gesetz des hypnotischen Rhythmus bestimmt werden kann.

Der Prozess, durch Imitation mentale und physische Gewohnheiten auszubilden, beginnt in der Kindheit, wenn wir die Gedanken und Handlungen unserer Eltern replizieren. Der Teufel pervertiert einen gesunden Entwicklungsprozess, indem er den Verstand der Eltern dazu manipuliert, ihre Kinder zum Sich-treiben-Lassen zu verlocken. Wenn Eltern ihre Kinder dazu zwingen, dieselben Gedanken zu denken und dieselben Glaubenssätze auszubilden wie sie selbst, statt in ihnen die Gedankenfreiheit zu kultivieren, tun sie das Werk des Teufels. Darüber hinaus lässt sich die Mehrzahl der Erwachsenen selbst treiben, und indem sie also deren Beispiel folgen, werden die Kinder selbst zu Menschen, die sich treiben lassen. Wenn der Mut und die Kraft des unabhängigen Denkens in den Kindern durch die Eltern unterminiert werden – und dieser Prozess setzt sich fort mit Lehrern, Bildungsvermittlern im religiösen Bereich und anderen Einflüssen aus der Gesellschaft, wie Kapitel 18 detailliert ausführt –, werden sie früh im Leben anfällig für die negativen Wirkungen des hypnotischen Rhythmus.

FINDEN SIE IHRE KRAFTQUELLE … UND TANKEN SIE AUF.

Zum Glück haben wir die Macht, unsere Umgebung zu kontrollieren. Um das zu tun, müssen wir aufhören, uns treiben zu lassen und stattdessen unsere eigenen Gedankenmuster steuern und eine Umgebung wählen, die positives Denken fördert. Um das zu tun, müssen Sie entschlossen Ihr Ziel verfolgen, was dazu führt, dass Sie eine neue mentale, spirituelle und physische Umgebung kultivieren können, die förderlich ist, wenn es darum geht, die Wirkung des hypnotischen Rhythmus von negativen hin auf positive Ziele zu verschieben.

Die effektivste Umgebung, um genug Treibstoff für Ihre Erfolgsreise nachzutanken, ist diejenige, die von einer Mastermind-Gruppe geschaffen wird. Wie ich detailliert in Kapitel 13 beschreiben werde, ist eine Mastermind-Gruppe eine harmonische Allianz von Individuen, die zusammenarbeiten, um sich gegenseitig zu helfen, das konkrete Hauptziel in ihrem Leben zu erreichen.

SCHRITTE ZUR SELBSTBESTIMMUNG

Welche Einflüsse aus der Umgebung haben im Moment eine negative Auswirkung darauf, dass Sie Ihr konkretes Hauptziel erreichen, entweder direkt oder indirekt? Erstellen Sie einen Plan, um Ihre gegenwärtige Umgebung zu transformieren oder eine neue zu erschaffen, die Sie auf Ihrer Erfolgsreise besser unterstützt.

KAPITEL 10

Zeit

Zeit ist der fördernde Einfluss der Natur, mit dessen Hilfe die menschliche Erfahrung zu Weisheit reifen kann.

Zeit ist einfach eine andere Form, den hypnotischen Rhythmus als Konzept auszudrücken. Zeit und der hypnotische Rhythmus sind ein Teil derselben natürlichen Kraft, die Gedankenmuster verfestigt, sodass sie zunehmend schwerer zu durchbrechen sind. Diese Kraft belohnt oder bestraft uns, gemäß der Natur unserer Gedankenmuster. Wenn unsere vorherrschenden Gedanken negativ sind, wird die Zeit unsere Gewohnheit des negativen Denkens verfestigen. Mit jeder zusätzlichen Minute, die Sie mit negativem Denken zubringen, geben Sie der Zeit die Möglichkeit, diese Gedankenmuster durch das Gesetz des hypnotischen Rhythmus zu etwas Dauerhaftem zu machen. Die gleiche Regel trifft auf positives Denken zu: Je mehr Sie positives Denken praktizieren, desto mehr wird es mit der Zeit zu einer permanenten Gewohnheit. Die Zeit, die nötig ist, um es zu einem permanenten Gedankenmuster zu machen, ist bei jedem Menschen anders, aber sie hängt letztlich vom Objekt und der Natur Ihrer Gedanken ab.

Was halten Sie davon, dass … die Zeit alle Wunden heilt?

Ohne unsere zielstrebige und aktive Teilnahme kann die Zeit weder heilen noch verletzen oder unsere Probleme lösen. Wie uns der große Strom des Lebens zu den Gedankenmustern führt, die wir in uns kultivieren, verändert die Zeit Fakten, Werte und menschliche Beziehungen gemäß den Prinzipien, durch die wir mit uns selbst, der Gesellschaft und anderen Individuen interagieren. Aber sie strebt immer nach Harmonie: Was immer wir in Form von negativen oder positiven Beziehungen säen, das werden wir ernten.

WEISHEIT IST DIE FRUCHT DES ALTERS.

Zeit kann nicht nur Gedankenmuster festigen, sie lässt auch die menschliche Erfahrung zu Weisheit reifen. Diese Art von Wissen kann nur kultiviert werden, wenn Zeit vergeht. Weisheit unterscheidet sich von bloßem angesammelten Wissen, denn sie entsteht nicht automatisch durch das Anhäufen von Informationen. Sie entsteht nur durch ausgedehntes Studium oder wird durch Mentoren vermittelt. Das Wissen, das aus diesen Quellen stammt, muss reifen – durch Zeit, positives Denken und bewusste Anstrengung. Aus diesem Grund gelangte man typischerweise erst nach dem 40. Geburtstag zu Weisheit. Davor konzentrieren sich die meisten Menschen darauf, Wissen anzuhäufen und damit konkrete Pläne zu schmieden.

»Weisheit ist die Fähigkeit, sich selbst mit den Gesetzen der Natur in Beziehung zu setzen, sodass diese uns dienen, sowie die Fähigkeit, mit anderen Menschen so in Beziehung zu treten, dass wir ihre harmonische und willentliche Kooperation gewinnen, um uns zu helfen, dem Leben das abzuringen, was wir von ihm verlangen.«

Weisheit kommt nur zu denen, die sich nicht treiben lassen und vorherrschend positive Gedanken hegen. Sie darf nicht missbraucht werden, indem sie für zweifelhafte oder bösartige Zwecke eingesetzt wird; sie muss immer auf positive, konstruktive Zwecke ausgerichtet sein. Daher ist ihr Ziel normalerweise, anderen nützliche Dienste zu erweisen.

Wie kann man Wissen in Weisheit verwandeln? Die Formel, die der Teufel bietet, lautet: »Zeit plus das Verlangen nach Weisheit.« Um verlässliches, bewährtes Wissen zu erlangen, müssen wir verstehen, wie wir die Macht des hypnotischen Rhythmus für unser persönliches Wachstum nutzen können. Dazu gehört, dass wir die Schlüssel für eine harmonische Allianz mit den natürlichen Gesetzen und mit anderen Menschen finden. Widerstände und Fehlschläge sind ebenfalls effektive Mittel, um Wissen zu Weisheit werden zu lassen – *wenn* wir bewusst die Lektionen und Chancen annehmen, die in ihnen enthalten sind.

SCHRITTE ZUR SELBSTBESTIMMUNG

Welche Arten der Weisheit hoffen Sie im Alter zu erlangen? Listen Sie fünf Themen, Konzepte oder Ideen auf, über die Sie gerne gereiftes, bewährtes und akkurates Wissen erlangen wollen, und notieren Sie Schritte, die Sie unternehmen können, um Wissen über diese Themen in Weisheit zu verwandeln.

KAPITEL 11

Harmonie

Nichts transzendiert Harmonie und geordnete Beziehungen, sie ist die unsterbliche Kraft hinter allen Gesetzen. Sie ist die Essenz des Unendlichen.

Hinter der Gesamtheit aller Existenz steht ein unaufhaltsames Gesetz, gegen das man nicht verstoßen kann. Es legt fest, dass das Universum in allen Dingen danach strebt, Ordnung und Balance herzustellen. Das gilt sowohl für die Natur als System als auch für die einzelnen Elemente. Auch wenn individuelle Energieeinheiten zur Entropie oder Desorganisation neigen, gibt es eine Gegenkraft, die daran arbeitet, Harmonie herzustellen.

Ralph Waldo Emerson hat die berühmte Theorie von diesem universellen Gesetz der Harmonie als dem Gesetz der Kompensation aufgestellt. Damit hat er den Dualismus beschrieben, nach dem alle Natur strukturiert ist, und erklärt: »Der gleiche

Dualismus liegt der Natur und dem Zustand des Menschen zugrunde.«

> »Jeder Exzess führt zu einem Defekt; jeder Defekt zu einem Exzess. Alles Süße hat sein Saures; alles Böse sein Gutes. Alles, das zum Vergnügen fähig ist, wird gleicherweise für seinen Missbrauch bestraft. Für seine Mäßigung bezahlt es mit dem Leben. Für jedes Korn Weisheit gibt es ein Körnchen Narretei. Für jedes Ding, das man verlor, gewann man etwas anderes; und für alles, was man gewinnt, verliert man etwas.«[1]

Aufgrund des Gesetzes der Kompensation werden unsere Anstrengungen immer ein entsprechendes Resultat liefern, ob dieses nun sofort zutage tritt oder in der fernen Zukunft. Aus diesem Grund müssen wir sorgfältig darauf achten, welche Verhaltensweisen wir an den Tag legen, und erkennen, dass es kurz- und langfristige Konsequenzen gibt. Dieses Gesetz ermöglicht auch, uns mit der Tatsache zu trösten, dass alle Widerstände einen reichen Schatz in sich bergen. Ob wir diesen nutzen können, hängt jedoch davon ab, wie wir auf Widerstände reagieren. Alle Widerstände tragen in sich den Samen einer neuen Chance, aber wir müssen das Potenzial innerhalb von Schwierigkeiten identifizieren, um einen Nutzen daraus ziehen zu können.

1 Ralph Waldo Emerson, »The Law of Compensation«, in Essays: First Series (Boston: Phillips, Sampson, and Co., 1856), S. 87.

UNORDNUNG IN KÖRPER UND GEIST PRODUZIERT UNGEORDNETEE GEDANKEN UND PLÄNE.

Weil unsere Gendanken sich mit den vorherrschenden Einflüssen in unserer Umgebung harmonisieren wollen, egal, ob wir diesen Prozess aktiv befördern oder nicht, müssen wir eine Umgebung kultivieren, die uns hilft, Harmonie in Körper und Geist herzustellen und zu erhalten. Wenn wir erst einmal erwachsen sind und es in unserer Macht liegt, unsere Umgebung zu kontrollieren, müssen wir aktiv unsere mentale, spirituelle und physische Umgebung im Auge behalten, um sicherzustellen, dass die vorherrschenden Einflüsse positiv sind. Wenn Sie negative Elemente identifizieren, entfernen Sie diese sofort. Wenn Sie zum Beispiel feststellen, dass ein Bewusstsein des Versagens Einfluss auf Ihr Leben nimmt, versuchen Sie, sich mit erfolgreichen Individuen zu umgeben, damit Ihr Geist sich mit der Atmosphäre eines Bewusstseins des Erfolgs harmonisieren kann. Ein weiteres Szenario: Wenn Sie erkennen, dass ein Geschäftspartner Zweifel in Ihr Unternehmen trägt, suchen Sie nach einer neuen Allianz, damit Ihr Geist sich nicht mit der Angst und Kritik Ihres Geschäftspartners harmonisiert.

»Kein Mensch schuldet einem anderen irgendeinen Dienst, der ihm das Privileg nimmt, seine eigenen Gedankenmuster in einer positiven Umgebung aufzubauen.«

Was passiert, wenn die negativen Einflüsse in Ihrem Leben von Familienmitgliedern stammen? Eine detaillierte Antwort auf diese Frage findet sich im Kapitel über Beziehungen, deshalb hier nur kurz: Keine Beziehung, selbst die mit Blutsverwandten, ist es wert, erhalten zu werden, wenn sie dafür sorgt, dass Sie sich angewöhnen, sich treiben zu lassen.

Ihr Erfolg und Ihr Glück sind zu wichtig, um sich selbst zu gestatten, aufgrund toxischer Loyalität in den Abgrund negativer Gedanken gezogen zu werden. Umgeben Sie sich mit positiven, energiegeladenen, freidenkenden Individuen, und Ihre Gedanken werden auf wirkungsvolle und produktive Art und Weise harmonisiert. Darüber hinaus: Wenn Sie positive Gedanken aussenden, werden diese sich mit positiver Energie der spirituellen Daseinsebene harmonisieren, sie anziehen und damit Ihre Intelligenz und Ihren Antrieb mehren.

Unsere Körper unterliegen ebenso dem Gesetz der Harmonie. Während die Vererbung bei den Funktionen unseres Körpers eine Rolle spielt, ist diese Veranlagung nicht unüberwindlich, abgesehen von extremen Fällen. Wenn die individuellen Elemente des physischen Körpers nicht miteinander harmonieren, werden unsere Gedankenmuster aus der Bahn geworfen. Anders gesagt: Körper, die in Unordnung sind, schaffen Unordnung im Verstand. Unten finden Sie drei Hauptgründe für Dysfunktionalität des Körpers.

- *Zu viel zu essen:* Der Teufel gibt zu: »Ich sorge dafür, dass die meisten Menschen zu viel und das Falsche essen. Das führt zu Verdauungsproblemen und zerstört die Macht des akkuraten Denkens. Wenn die öffentlichen Schulen und die Kirche den Kindern mehr darüber beibrächten, wie man richtig isst, würden sie meiner Sache unwiderruflichen Schaden zufügen.« Sich zu sehr dem Essen hinzugeben, besonders ungesunden Lebensmitteln, sorgt für Verstopfung und verlangsamt unser Denken. Mehr darüber, wie wichtig gesundes Essen ist, finden Sie in der Lektion über Selbstdisziplin.

- *Maßlosigkeit beim Trinken:* Die Gewohnheit, zu viele alkoholische Getränke zu konsumieren, verursacht gleichermaßen Disharmonie im Körper und in der Umgebung und sorgt wesentlich dafür, dass man sich treiben lässt. Der Teufel enthüllt, dass er die Verbreitung von Alkohol nach dem Ersten Weltkrieg befördert hat, um die wachsende Tendenz junger Leute zu dämpfen, sich ihre eigenen Gedanken zu machen. Exzessiver Alkoholkonsum schafft nicht nur Disharmonie in den Organen, besonders in der Leber, sondern bringt auch den Geist in Unordnung und schafft inkohärente, fiebrige und emotional übersteigerte Gedanken.
- *Rauchen:* Nach dem Erfolg des Teufels mit dem Trinken verführte er die Jugend nach dem Zweiten Weltkrieg dazu, eine weitere schlechte Gewohnheit zu übernehmen – das Rauchen. Abgesehen von den physischen Folgen sorgt das Rauchen, genau wie übermäßiger Alkoholkonsum, dafür, dass das Individuum leicht dem Sich-treiben-Lassen verfällt, denn »Zigaretten zerstören die Hartnäckigkeit, die Macht des Durchhaltevermögens; sie zerstören die Fähigkeit, sich zu konzentrieren; sie töten und unterminieren die Vorstellungskraft und halten die Menschen

> auf andere Weisen davon ab, ihren Geist effektiv einzusetzen«. Es »befördert auch die Unverbindlichkeit in anderen menschlichen Beziehungen«. Rauchen bringt den Körper, Geist und die Beziehungen durcheinander.

Indem man sich von ungesunden Gewohnheiten, wie zu viel zu essen, zu viel zu trinken und vom Rauchen, fernhält, indem man sich ausgewogen ernährt, genug Wasser trinkt und genug schläft, kann man sicherstellen, dass der eigene Körper im harmonischsten Zustand verbleibt, der möglich ist. Manchmal üben die genetischen Einflüsse und die Umgebung einen Einfluss auf Körper und Geist aus und daraus entstehen Krankheiten, aber wir können alle unseren Teil dazu beitragen, das rhythmische, harmonische Funktionieren des Körpers durch gesunde Gewohnheiten zu erhalten.

SCHRITTE ZUR SELBSTBESTIMMUNG

Können Sie in Ihrem gegenwärtigen mentalen, emotionalen, spirituellen und/oder physischen Zustand Unordnung identifizieren? Gibt es Einflüsse aus der Umgebung, auf die Sie ein Ungleichgewicht zurückführen können? Erstellen Sie einen Plan, um negative Einflüsse und schädliche Gewohnheiten bei der Wurzel zu packen und sie durch gesunde Gewohnheiten zu ersetzen, die einem harmonischen Denken und einem effizienten Funktionieren Ihres Körpers zuträglich sind.

KAPITEL 12

Vorsicht

Abgesehen von der Gewohnheit, sich treiben zu lassen, ist die gefährlichste menschliche Gewohnheit ein Mangel an Vorsicht.

Jemand, der sich treiben lässt, zeigt einen Mangel an Vorsicht, indem er handelt, bevor er denkt. Zum Beispiel:

- ist er nicht wählerisch, was seine Freunde angeht.
- denkt er nicht darüber nach, was er arbeiten will. Er nimmt den ersten Job an, der ihm ein Gehalt bietet.
- ist er nicht vorsichtig, was seine Investments angeht, und wird oft übers Ohr gehauen.
- achtet er nicht genügend auf sich und wird oft krank.
- schützt er sich nicht vor den Einflüssen aus der Umgebung, die von denjenigen stammen, die in Armut leben, also entwickelt er ein Armuts-Bewusstsein.

- betrachtet er nicht die Gründe, wieso andere Menschen scheitern, und begünstigt daher das Scheitern in seinem eigenen Leben.
- betrachtet er nicht die Gründe für Angst und begünstigt daher Ängste in seinem eigenen Leben.
- lässt er bei der Partnerwahl nicht genügend Vorsicht walten und kümmert sich auch nicht um die Prinzipien einer harmonischen ehelichen Beziehung und daher scheitert seine Ehe letztlich.
- verliert er Freunde und Verbündete, weil er nicht genug auf die Beziehungen zu ihnen achtet.

»Derjenige, der sich treiben lässt, schreitet stets ohne Vorsicht voran. Er handelt zuerst und denkt später, falls überhaupt.«

Wer sich hingegen nicht treiben lässt, ist stets vorsichtig, durchdenkt seine Pläne mit Bedacht, bevor er beginnt, sie umzusetzen.

Zum Beispiel:

- rechnet er mit Schwächen bei seinen Geschäftspartnern und macht Pläne, um diese zu kompensieren.
- schützt er seine Interessen, indem er Notfallpläne bereithält, falls der erste Versuch scheitert.
- behält er den Verlauf seiner Mission im Auge und hält seinen Erfolg nicht für selbstverständlich.

Vorsicht bedeutet nicht, dass man in Angst handelt. Es ist im Grunde das Gegenteil: Jemand, der sich nicht treiben lässt, ist vorsichtig, weil er fest an sein konkretes Hauptziel im Leben glaubt und anerkennt, wie wichtig es ist, umsetzbare Pläne zu haben, um seinen Erfolg letztlich sicherzustellen.

Wie stehen Sie zu … Übervorsicht? Kann ein Individuum zu vorsichtig sein?

Nicht wirklich – so etwas wie Übervorsicht gibt es gar nicht. Was die Menschen für übervorsichtig halten, ist eigentlich nur ein Ausdruck von Angst. Wahre Vorsicht wird stets in der Zuversicht ausgeübt.

Weil Einflüsse aus der Umgebung unsere Empfänglichkeit für das Sich-treiben-Lassen bedeutend beeinflussen, müssen Sie besonders bei der Auswahl Ihrer Geschäftspartner und Freunde vorsichtig sein. Es liegt in Ihrem Interesse, sich nur mit Individuen einzulassen, die durch diese Beziehung zu Ihrem mentalen, spirituellen oder wirtschaftlichen Nutzen beitragen. Das ist die Pflicht jedes Menschen, der nach Glück und Erfolg strebt.

BESTIMMTHEIT IST WICHTIGER ALS EINFALLSREICHTUM.

Etwas zu planen, ist der physische Ausdruck von Vorsicht. Damit Ihr zweckgerichtetes Vorgehen und Ihre Pläne von Erfolg gekrönt sind, müssen sie auf einem Fundament der Bestimmtheit ruhen. Wie der Teufel rät: »Führen Sie sich alle Personen vor Augen, die Sie für erfolgreich halten, und Sie werden feststellen, dass ihr Erfolg genau dem Grad an Bestimmtheit entspricht, die diese Menschen bei ihren Plänen und Zielen an den Tag gelegt haben.« Es ist sogar egal, wie wirkungsvoll Ihre Pläne sind, Sie werden letztlich erfolgreich sein, wenn Sie mit genügend Bestimmtheit vorgehen. Das bedeutet nicht, dass zweckmäßige Pläne unwichtig sind, denn wie schnell Sie zum Erfolg gelangen, hängt davon ab, wie durchdacht Ihre Pläne sind. Sie werden schneller erfolgreich sein, wenn Sie einen durchdachten Plan haben, der entschlossen umgesetzt wird, als wenn Sie einen wenig durchdachten Plan haben, der mit Entschlossenheit umgesetzt wird, aber beide werden letztlich zum Erfolg führen. Schließlich können schwache Pläne an Durchschlagskraft gewinnen, wenn sie mit Bestimmtheit umgesetzt werden. Ein vernünftiger Plan, dem es an Bestimmtheit mangelt, wird hingegen nicht zum Erfolg führen. Unentschlossenheit öffnet den Geist für negative Einflüsse, die zum Sich-treiben-Lassen führen und damit die Pläne und ihre Umsetzung schwächen.

»Die besten Pläne gehen manchmal nach hinten los, aber die Person, die mit Bestimmtheit vorgeht, erkennt den Unterschied zwischen einer zeitweiligen Niederlage und Versagen. Wenn ein Plan scheitert, wird diese Person andere haben, aber nicht das eigentliche Ziel aus den Augen verlieren. Letztlich findet sie einen Plan, der von Erfolg gekrönt ist.«

Aber selbst mit einem konkreten Plan und einem konkreten Ziel kann ein Individuum eine temporäre Niederlage erleiden. Wenn ein Plan scheitert, werden Menschen mit Entschlossenheit und Durchhaltevermögen auch bei Herausforderungen hartnäckig bleiben und diese analysieren, um in ihnen den Samen neuer Pläne zu finden. Sie werden auch ihre Mastermind-Gruppe konsultieren, um Hilfestellung zu erhalten, wenn es darum geht, aus ihren weniger fundierten Plänen zu lernen und neue, praktisch anwendbare Pläne zu entwickeln. Solange ein Individuum über Bestimmtheit verfügt, wird er oder sie letztlich erfolgreich sein.

Pläne sollten nicht nur bestimmt sein, sondern auch gerecht, um langfristig von Erfolg gekrönt zu sein. Das Gesetz der Kompensation legt fest, dass Menschen das ernten, was sie säen. Pläne, denen es an Gerechtigkeit oder Moral fehlt, bringen vielleicht vorübergehenden Erfolg, aber keinen anhaltenden, der den Test der Zeit besteht. Die Zeit ist ein Freund der Gerechtigkeit und der Moral, sie korrigiert das Unrecht und stellt sicher, dass Menschen, die aufgrund von negativen Impulsen die

Saat eines Plans legen, schließlich durch eine Missernte bestraft werden. Begehen Sie nicht den Fehler, neidisch auf die vergänglichen Gewinne zu sein, die aus unmoralischen, ungerechten Plänen entstehen. Blicken Sie nach vorn, um die negativen Resultate am Horizont zu entdecken.

SCHRITTE ZUR SELBSTBESTIMMUNG

In welchem Bereich Ihres Lebens müssen Sie vorsichtiger sein? Wie könnten Sie Ihre Pläne mit mehr Bestimmtheit verfolgen, um Ihren Erfolg in diesen Bereichen zu verbessern?

KAPITEL 13

DER MASTERMIND

Bemerkenswerte Leistungen in allen Lebensbereichen entstammen der Nutzung des Masterminds (der harmonischen Koordination des Verstands zweier oder mehrerer Menschen, die nach einem konkreten Ziel streben).

Gemeinsam ist man stärker. Das Mastermind-Prinzip nutzt die positiven Effekte des hypnotischen Rhythmus, um dieser Wahrheit Geltung zu verschaffen. Eine Mastermind-Allianz ist ein Arrangement, das zwischen einem oder mehreren Menschen getroffen wird, die sich darauf einigen, ihren Verstand zu koordinieren, um sich gegenseitig beim Erreichen ihres konkreten Hauptziels zu unterstützen. Diese Allianz ist mehr als ein Netzwerk – eine Mastermind-Gruppe ist bedeutend kleiner und mit einer felsenfesten Zielsetzung geschaffen, zudem charakterisiert durch regelmäßige Treffen. Es ist die wichtigste berufliche Allianz, die Sie je haben werden, also müssen Sie deren

Mitglieder sorgfältig auswählen – nicht basierend darauf, wen Sie mögen, sondern wer Ihrer Erfolgsreise am meisten nützen kann, indem er Ihre Expertise und Erfahrung ergänzt (nicht dupliziert) und dafür sorgt, dass Sie sich auf Ihr konkretes Hauptziel konzentrieren.

Indem sie ihre Gedanken und Zielsetzungen auf eine gemeinsame Linie bringen, nutzen die Mitglieder des Masterminds die Vorliebe der Natur für Harmonie und gewinnen das Universum als Verbündeten, das ihnen ökonomische und psychische Vorteile verschafft.

- Ökonomische Vorteile – Individuen in einem Mastermind können ihre Anstrengungen koordinieren, um Einkommen zu generieren. Mitglieder können sich gegenseitig helfen, Zugänge zu Netzwerken zu identifizieren und zu erlangen, ihr Wissen gegenseitig ergänzen, die Fundiertheit ihrer Pläne abschätzen und auf andere Arten ihre Bemühungen koordinieren, um dem jeweils anderen bei der Umsetzung von Verlangen in materielle Reichtümer mehr Kraft und Schwung zu verschaffen.
- Psychische Vorteile – Wenn Individuen eine gemeinsame Anstrengung auf ein bestimmtes Ziel hin unternehmen und im Geist völliger Harmonie zusammenarbeiten, so schaffen sie einen dritten Geist: Ihre spirituelle Energie ist so gewaltig verstärkt, dass eine Affinität entsteht – eine Kraft, die die Energie jedes Mitglieds der Gruppe steigert und ihm besseren Zugang zur Unendlichen Intelligenz bietet.

Indem sie finanzielle und spirituelle Vorteile erlangen, können die Mitglieder des Masterminds ihren Erfolg mit exponentiell höherer Geschwindigkeit erreichen als diejenigen, die es allein versuchen. Andrew Carnegie hat das Mastermind-Prinzip als das Geheimnis bezeichnet, das hinter seinem gewaltigen Erfolg stand – ebenso taten es 500 andere Personen, die bedeutende geschäftliche und berufliche Leistungen erzielt haben.

Wie stehen Sie zu … einem imaginären Mastermind?

Unsichtbare Berater sind der Mastermind des Verstands – ein Panel an Mentoren, sowohl lebende als auch bereits verstorbene, mit denen Sie über den Sechsten Sinn kommunizieren. Identifizieren Sie, welche Charaktereigenschaften Sie gerne besitzen würden; finden Sie dann heraus, welches Individuum, lebend oder verstorben, diese Qualität am meisten verkörpert. Nachdem Sie eine Liste von unsichtbaren Beratern erstellt haben, halten Sie regelmäßige Treffen mit ihnen ab, bei denen Sie die Gruppenmitglieder anweisen, Ihnen das Geheimnis zu verraten, wie man die Charaktereigenschaften kultiviert, die Sie selbst gern hätten. Beobachten Sie auch ihre Art des Diskurses, sodass Sie ihre Gedankenmuster und Handlungen imitieren können. Hills ursprünglicher Beraterstab umfasste Emerson, Paine, Edison, Darwin, Lincoln, Burbank, Napoleon, Ford und Carnegie.

Ob sie nun die ökonomischen oder psychischen Vorteile aktivieren: Die Mitglieder einer Mastermind-Gruppe sollten die Zusammenarbeit nutzen, um praktische Pläne auf folgende Art zu entwickeln und zu verfeinern:

- Schaffen Sie eine Mastermind-Gruppe, die all die Unterstützung bietet, die Sie brauchen, um Ihre Pläne zu entwerfen und/oder umzusetzen.
- Legen Sie fest, welche Hilfestellung und Expertise Sie im Austausch für die Kooperation der Gruppenmitglieder und deren Einsichten bieten können.
- Legen Sie Termine für Treffen mit Ihrer Mastermind-Gruppe fest, und zwar mindestens zweimal die Woche.
- Stellen Sie sicher, dass zwischen den Gruppenmitgliedern perfekte Harmonie herrscht.

Der letzte Punkt ist besonders wichtig, denn Kooperation ist entscheidend, damit das Mastermind-Prinzip funktioniert. Während Ihre Mastermind-Allianz harmonisch auf ein konkretes Ziel hinarbeitet, denken Sie daran, dass Sie der Evaluierung Ihrer Pläne und deren Fundiertheit genug Zeit und Aufmerksamkeit widmen müssen, denn diese Fundiertheit bestimmt die Geschwindigkeit, mit der Sie Ihr Ziel erreichen. Denken Sie ebenso daran, dass keine Person allein genug Bildung, Erfahrung, natürliches Talent und Vorstellungskraft besitzt, um ohne die Hilfe von anderen sehr erfolgreich zu sein.

SCHRITTE ZUR SELBSTBESTIMMUNG

Wen werden Sie einladen, um eine Mastermind-Gruppe zu bilden (wenn Sie nicht bereits eine aufgebaut haben)? Denken Sie daran, Individuen zu wählen, deren Erfahrung und Expertise Ihre eigene ergänzt und nicht kopiert, die einen Fehlschlag nicht als endgültig akzeptieren und die eine förderliche Umgebung für eigenständiges Denken schaffen. Nachdem Sie eine Liste Ihrer gewünschten Mitglieder erstellt haben, überlegen Sie, wie Sie diese dazu einladen können, eine Allianz zu bilden, und wann Ihr erstes Treffen stattfinden soll. Stellen Sie unten eine Liste von möglichen Stichpunkten zusammen, über die Sie bei Ihrem ersten Treffen reden wollen.

KAPITEL 14

MACHT

Es ist nicht nur die Bestimmtheit als Geisteszustand, die dem Einzelnen Macht gibt. Sondern es sind die Kräfte, Menschen und das Wissen, die durch diese Bestimmtheit angezogen werden.

Macht bezieht sich auf den Einfluss und die Autorität, die man durch Bestimmtheit von Zielsetzungen und Plänen kultiviert. Wie alle Kräfte der Natur hat Macht eine negative und positive Seite. Sie kann einen Anführer auf Kosten seiner Gefolgsleute an die Spitze bringen oder beide Seiten bereichern. Diese zwei Arten der Macht nennt man Macht durch Zwang und Macht durch Kooperation.

Macht durch Zwang erzwingt Ergebnisse; sie nutzt Propaganda und Gewalt, ob physisch oder psychisch, um sich unwillige oder unwissende Gefolgschaft zu sichern. Anführer, die mit Gewalt regieren, unterdrücken Menschen durch die Gewohnheit des Sich-treiben-Lassens.

Dem Teufel gebührt die Ehre der Berufung aller Diktatoren und er hält fest, dass die Demokratie der Feind des Sich-treiben-Lassens ist, denn sie befördert eigenständiges Denken. Während die Eigeninitiative zerstört wird, geben diejenigen, die von Diktatoren regiert werden, ihre Handlungsfreiheit, Kreativität und Willenskraft auf, was ihnen noch mehr die Selbstbestimmung nimmt. Aber Diktatoren scheitern letztlich, weil das Gesetz der Kompensation ihre Gewalt mit Schwäche vergilt und weil ihre Anhänger auf einer niedrigeren Ebene des Denkens agieren, was den Erfolg des gesamten Kollektivs weniger wahrscheinlich macht. Wahre, langanhaltende Macht kann nur durch Kooperation gewonnen werden. Macht, die einvernehmlich gewonnen wird, führt zu mehr Empowerment der Individuen – der Anführer genauso wie der Gefolgsleute –, die sich durch den hypnotischen Rhythmus koordinieren, um bessere Resultate zu erzielen.

DER TEUFEL LIEGT IM DETAIL.

Die Lieblingsmethode des Teufels, um Macht über Individuen zu erlangen, ist die Propaganda, die er definiert als »jedes Mittel, jeden Plan oder jede Methode, durch die Menschen beeinflusst werden können, ohne zu wissen, dass sie beeinflusst werden, oder ohne die Quelle der Beeinflussung zu kennen«. Der Teufel favorisiert die Propaganda aufgrund ihrer Subtilität: Menschen konsumieren Propaganda, aber sind nicht in der Lage, sie von ihren eigenen Gedanken zu unterscheiden, und bald werden sie sich selbst auf Linie bringen, gemäß dieser Propaganda, die sie fälschlicherweise mit ihren eigenen Wünschen und Gedankenimpulsen verwechseln. Diese Individuen lassen sich dann treiben, weil sie alle Gedankenfreiheit verlieren. Menschen geben dem Teufel »das Recht, ihre Gedanken zu denken, während sie leben; und das Privileg, das an sich zu reißen, was von ihnen bleibt, wenn sie sterben«. Der Teufel ist der größte Propagandist aller Zeiten – tatsächlich ist sogar die Angst vor dem Teufel nichts weiter als Propaganda.

Wie stehen Sie zu … Nachrichtenmedien?

Der Teufel gibt zu, dass er Propaganda unter die Nachrichten in aller Welt mischt, und die Wirkung ist greifbar: Die Sucht nach sensationsheischenden Informationen und Angst der Massen, die als Vorsicht getarnt ist. Menschen, die sich nicht treiben lassen, konsumieren Nachrichtenmedien nur in geringem Umfang und wissen um die Gefahr negativer Gedankenimpulse, die zur Gewohnheit des Sich-treiben-Lassens führen könnten.

Nur Menschen, die sich treiben lassen, sind anfällig für die Ränkeschmiede des Teufels. Im Folgenden die bevorzugte Methode des Teufels, die Kontrolle über ein Individuum mithilfe von Propaganda zu erlangen.

- Bestechung, besonders durch:
- Liebe
- sexuelles Verlangen

- Gier nach Geld
- das zwanghafte Verlangen, etwas zu erreichen, ohne etwas zu leisten (das heißt, Glücksspiel)
- Eitelkeit und Selbstsucht
- das Verlangen, Herr über andere zu sein
- das Verlangen nach Rausch und Betäubungsmitteln
- das Verlangen nach Selbstausdruck in Wort und Tat
- das Verlangen, andere zu imitieren
- das Verlangen nach einem Leben nach dem Tod
- das Verlangen, andere zu Helden zu verklären und zu verehren
- das Verlangen nach Nahrung für den Körper
- die Steigerung des Verlangens nach den größten Schwächen des Individuums, um dann mehrere Fehlschläge zu verursachen, die dazu führen, dass man aufgibt und es nicht noch einmal versucht.
- Wenn das Individuum bekommt, was es will, sorgt der Teufel dafür, dass man sich einem Verlangen zu sehr hingibt und sich dabei schlechte Gewohnheiten aneignet.
- Der Teufel hüllt das, was das Individuum will, in eine Verpackung, die das Individuum auf keinen Fall will.

Bestechung biete dem Teufel Zugang zum Geist eines Individuums und sobald er einen Fuß in der Tür hat, kann er nach und nach die Gedanken der Person manipulieren. Wenn der Teufel auf ein Hindernis stößt, verwendet er die natürlichen Begehrlichkeiten des Individuums gegen ihn oder sie und sorgt dafür, dass diese Begehrlichkeiten zu einem Einfallstor für das Sich-treiben-Lassen werden. Und der Teufel ist in seinem Bemühen nicht allein. Die Individuen, die bereits unter der Kontrolle des Teufels sind, werden dazu benutzt, die Gedanken anderer Menschen zu verdrehen, bis sie selbst beginnen, sich treiben zu lassen – zuerst durch Bestechung, und wenn das fehlschlägt, durch Angst oder den Gedanken an irgendein Unglück. Der Teufel hat sowohl willige als auch unwillige Arbeiter, die diejenigen, die bereits dazu neigen, sich treiben zu lassen, weiter und weiter von einem Leben in Bestimmtheit weglocken, sie in destruktiven Gedankenmustern gefangen halten, die die negativen Auswirkungen des hypnotischen Rhythmus begünstigen.

EMOTIONALE INTELLIGENZ IST DIE WAHRE GEHEIMZUTAT, UM EINFLUSS ZU GEWINNEN.

Um sich selbst vor dem Einfluss des Teufels zu schützen sowie vor dem seiner Legionen, versuchen Sie, Macht durch die folgenden Mittel zu gewinnen:

- die Entschlossenheit bei der Verfolgung Ihres Ziels aufrechterhalten,
- Ihre Emotionen kontrollieren,
- Herr Ihrer Ängste werden,
- die Bestimmtheit mehr lieben als andere Dinge,
- das vom Leben verlangen, was man begehrt, und dafür sorgen, dass es sich lohnt.

Einige machen sich vielleicht Sorgen, dass sie zu sehr abhärten, wenn sie diesem Rezept folgen. Wenn Sie diese Sorge teilen, denken Sie daran, dass Bestimmtheit ein wichtiger Wert ist, der die Qualität des Lebens und von Beziehungen steigert, statt sie zu mindern. Wenn man sich zum Beispiel sorgt, ob man Bestimmtheit mehr anstreben sollte als Liebe, sollte man sich Folgendes klarmachen: Wenn man einem konkreten Hauptziel im Leben folgt, wird man in seinem Leben Menschen anziehen, mit denen man romantische Beziehungen eingehen kann – Partnerschaften, die dem jeweils anderen die Reise zum Erfolg angenehmer gestalten.

»Jedes Prinzip des Guten trägt in sich den Samen einer ebenso großen Gefahr!«

Macht, wie jedes andere natürliche Verlangen, kann korrumpiert werden und einen Anführer in einen Menschen verwandeln, der sich treiben lässt. Um diese Form der Selbstzerstörung zu vermeiden, müssen diejenigen, die Macht durch Bestimmtheit aufbauen wollen, die Gier nach der Macht und die Liebe zum Geltungsbedürfnis, die dazu führen, dass man die Rechte anderer missachtet und dass das Individuum zum Opfer der negativen Anwendung des Gesetzes der Kompensation wird. Entschlossen einen bestimmten Zweck zu verfolgen, kann dann gefährlich werden, wenn sich ungerechte oder unmoralische Ziele daran binden oder wenn diese Zielstrebigkeit das eigene Ego füttert. In Kapitel 19 wird erklärt, dass der Wille, anderen zu Diensten zu sein, sich mit einer entschlossenen Zielverfolgung verbinden muss.

SCHRITTE ZUR SELBSTBESTIMMUNG

Welche Formen der Propaganda manipulieren aktuell Ihre Gedanken? Wie wurden Sie dadurch bisher von Ihrem Weg zum Erfolg abgebracht? Formulieren Sie einen Plan, Macht zu erhalten, indem Sie den Einfluss der Propaganda aus Ihrem Leben verbannen und stattdessen an seiner Stelle die Bestimmtheit in Ihrem Leben kultivieren.

KAPITEL 15

GLAUBE

»Glaube« ist die Grundlage jedes Erfolgs.

Glaube ist nicht nur ein vorübergehendes Gefühl, das wir beliebig unseren Gedanken hinzufügen können. Er ist ein Geisteszustand, der bewusst kultiviert werden muss, indem man den Geist von allen negativen Gedanken und emotionalen Konflikten freimacht und diese durch den konkreten Glauben an etwas ersetzt. Mit anderen Worten ist der Glaube die entschlossene Verfolgung eines Zieles, die dadurch unterfüttert wird, dass man auch daran glaubt, das Objekt dieser Zielsetzung erreichen zu können. Glaube und Angst können im Geist nicht koexistieren: Wo die Angst regiert, kann Glaube seine Wirkung nicht entfalten.

Der hypnotische Rhythmus, dieses großartige natürliche Gesetz, das danach strebt, Harmonie und Rhythmus in allem wiederherzustellen, bietet die physische Grundlage für den Glauben. Sobald das Gehirn von allen emotionalen Konflikten befreit ist, kann es Balance und Ordnung herstellen, was es empfänglicher für positive Energien und für konstruktive Einsichten durch die Intelligenzen des Universums macht. In diesem Geisteszustand, der als Glaube bekannt ist, können unsere Gedanken leichter mit Gedankenimpulsen aus der spirituellen Ebene harmonieren, was es uns ermöglicht, leichter Mittel und Wege zu finden, um ein angestrebtes Ziel zu erreichen, das mit dem natürlichen Gesetz in Übereinstimmung liegt. Der Glaube hilft uns auch, unser »anderes Selbst« zu lokalisieren und über den Sechsten Sinn mit der Unendlichen Intelligenz zu kommunizieren. Ein Mangel an Glauben blockiert hingegen alle Kommunikation mit der spirituellen Ebene.

GEBET IST EINE BITTE, AUSGESPROCHEN ALS EINE ZUSICHERUNG.

Wenn wir in einem Zustand des Glaubens beten, werden unsere Gebete immer beantwortet – sie werden vielleicht nicht mit den materiellen Dingen oder Umständen erwidert, für die wir gebetet haben. Das tritt typischerweise auf, weil wir um etwas beten, dass die Aufhebung der Naturgesetze verlangt. Ein weiterer Grund, dass unsere Gebete nicht die Antwort erhalten, die wir erwartet haben, besteht darin, dass wir es in einem Geisteszustand gesprochen haben, der nicht in völliger Harmonie mit den Naturgesetzen stand. Mit anderen Worten, wir beteten aus einer Position der Angst oder Verzweiflung heraus statt aus einer des Glaubens und der Zuversicht.

Der erste Punkt erinnert uns daran, dass es keine Wunder gibt. Die Resultate des Gebets müssen stets in Übereinstimmung mit den Naturgesetzen sein. Der zweite Punkt weist darauf hin, dass:

- wir in einem positiven Geisteszustand beten müssen, der frei ist von emotionalen Konflikten.
- wir nicht aus einer Position der Angst heraus beten können, was nur zu negativen Resultaten führt.
- wir nicht herumjammern und Gott oder das Universum darum anbetteln sollen, die Verantwortung für unsere Probleme zu übernehmen oder uns mit allem zu versorgen, was wir im Leben erhoffen. Gott hört nicht auf Schwäche. Darüber hinaus hindert uns die Faulheit daran, unseren Geist zu nutzen, um unser Verlangen in die Realität zu überführen.
- wir nicht Schmeichelei nutzen können, um Gott durch Propaganda zu überzeugen.
- wir nicht das Gebet mit Faulheit verderben können, indem wir vorgefertigte Gebete sprechen und Resultate erwarten.

Das Gesetz der Kompensation diktiert, dass wir ernten werden, was wir säen: Wenn wir in einer Haltung der Angst, Faulheit oder Unaufrichtigkeit beten, werden wir auch genau das ernten. Und je mehr wir diese negativen Gedankenmuster durch Gebete kultivieren, desto wahrscheinlicher ist es, dass der hypnotische Rhythmus die Regie übernimmt und diese Gewohnheiten dauerhaft werden. Auf der anderen Seite werden wir, wenn wir mit zielgerichteter Bestimmtheit beten und dem Glauben daran, letztlich erfolgreich zu sein, die Gesetze der Natur mobilisieren, um umsetzbare Pläne zu identifizieren, die uns dabei helfen, unser Verlangen in Realität zu verwandeln.

»Das Individuum beantwortet seine Gebete selbst, denn es kontrolliert seinen eigenen Geisteszustand und wendet ihm zum Positiven oder Negativen.«

Wie können Sie wirkungsvoller beten? Befolgen Sie von nun an folgende Gebetsmethode:

- Beten Sie, bevor Sie auf Widerstände treffen, damit Sie nicht in Versuchung geraten, aus einem Zustand der Angst heraus zu beten.
- Bitten Sie nicht um mehr materielle Güter und größere Segnungen; bitten Sie darum, dessen wert zu sein, was Sie bereits besitzen.
- Drücken Sie Ihre Dankbarkeit für die Segnungen aus, die bereits Ihre Anstrengungen gekrönt haben, besonders für die Werte, die man nicht mit Händen greifen kann.

Nicht nur reagiert die Unendliche Intelligenz gut auf diese Vorgehensweise, sondern Sie werden auch einen ganzen Schatz an Segnungen entdecken, die Ihnen bereits zuteilwurden, was Ihre Dankbarkeit und Zufriedenheit stärkt. In diesem Geisteszustand können Sie die Unendliche Intelligenz leichter um Führung dabei bitten, das zu erreichen, was Sie vor allem anderen in Ihrem Leben anstreben.

DOGMA FÜHRT DAZU, SICH TREIBEN ZU LASSEN.

Ist die Religion eine Stütze oder eine Last? Der Teufel enthüllt, dass sie beides sein kann, abhängig davon, wie man sie nutzt. Die Kirchen der Welt dienen jedoch oft als Vehikel für Propaganda.

Religiöse Führungspersonen rechnen mit der Angst ihrer Anhänger: Die Angst vor dem Tod, die Angst vor dem Jenseits, die Angst vor dem Teufel. Der Teufel treibt es sogar auf die Spitze, indem er sagt, dass »Religion der größte Feind der Menschheit und mein größter Verbündeter ist, denn sie betäubt das Gehirn der Menschen mit Dogmen, die auf Angst, Unwissenheit und Aberglauben gegründet und durch diese erhalten werden«. Indem sie dafür sorgen, dass sich der Verstand der Menschen auf ihre Ängste konzentriert, verbreiten religiöse Führer genau die Ideen, die sie angeblich bekämpfen. Wie es der Teufel ausdrückt: »Die beste Methode, Werbung für eine Idee zu machen, besteht darin, sie zu bekämpfen.« Mit anderen Worten, indem die religiösen Anführer die Angst vor dem Teufel verbreiten, sorgen sie dafür, dass sich Menschen dauerhaft an ihre Ängste binden. Denn »Menschen ähneln nach und nach den Gedanken, die ihren Geist beherrschen«, und während sich die Gedankenmuster der Angst verfestigen, übernimmt das Gesetz des hypnotischen Rhythmus das Ruder und zwingt die Individuen zur totalen Unterwerfung unter ihre Angst.

Wie stehen Sie zu … organisierter Religion?

Der Teufel behauptet, dass die Religionen der Welt seine besten Waffen sind, um die Menschen dazu zu verlocken, sich treiben zu lassen, und zwar aus drei Gründen:

1. Sie lehren seine eigene Lehre – aber im Namen Gottes.
2. Sie indoktrinieren die Menschen mit Angst.
3. Sie sorgen dafür, dass die Menschen sich mit unbekannten Hypothesen beschäftigen, die niemand je ergründen kann.

Wenn die Religionen die Werkzeuge des Teufels sind, gibt es dann Sünde? Der Teufel sagt ja, alles, was man tut oder denkt und was einen unglücklich macht, ist Sünde. Glück entsteht nur aus Harmonie, und Harmonie entsteht daraus, in Übereinstimmung mit dem natürlichen Gesetz zu denken und zu handeln. Weil das Gesetz der Kompensation sicherstellt, dass wir ernten, was wir säen, können wir nicht wahrlich glücklich sein, wenn wir die Samen der Zerstörung legen. Daher können wir nur durch Gedanken und Verhaltensweisen zu Geistesfrieden gelangen, die uns selbst und andere respektieren. Der Teufel listet die folgenden Dinge als übliche Formen der Sünde auf:

- Zu viel zu essen, was zu Krankheit und Elend führt.
- Sich zu sehr dem Sex hinzugeben, was die Willenskraft zerstört und dazu führt, dass man sich treiben lässt.

- Zuzulassen, dass der eigene Geist von Neid, Gier, Angst, Hass, Intoleranz, Eitelkeit, Selbstmitleid oder Entmutigung dominiert wird – alles Geisteszustände, die dazu führen, dass man sich treiben lässt.
- Betrügen, lügen und stehlen, was Gewohnheiten sind, die den Selbstrespekt zerstören und das eigene Gewissen unterdrücken.
- Unwissend zu bleiben, was zu Armut und dem Verlust der Eigenständigkeit führt.
- Körperliche Krankheit, die auf eine Missachtung der Gesetze der Natur hinweist.
- Etwas vom Leben zu akzeptieren, das man nicht will, was auf ein Versagen hindeutet, den eigenen Verstand einzusetzen.

Der Teufel erläutert den vorletzten Punkt, indem er darauf hinweist, dass körperliche Krankheit im Allgemeinen, aber nicht immer, eine Sünde ist. Manchmal ist Krankheit das Ergebnis, weil das Individuum es versäumt hat, für den eigenen Körper gemäß den Gesetzen der Natur Sorge zu tragen, aber manchmal ist sie das Ergebnis eines natürlichen Alterungsprozesses oder von Einflüssen aus der Umwelt, die außerhalb der Kontrolle des Individuums liegen (wie einem Mangel an Harmonie zwischen dem Menschen und der Natur in großem Ausmaß). Wann immer Menschen mit der einen oder anderen Form mentalen oder körperlichen Leidens zu tun haben, sollten sie die Quelle der Sünde genau eruieren und sich schnell daran begeben, sie mit Stumpf und Stiel zu entfernen, bevor der hypnotische Rhythmus das Ruder übernimmt und sie verfestigt.

SICH BEKÄMPFENDE ENTITÄTEN ODER ENTGEGENGESETZTE KRÄFTE?

Gott und der Teufel sind zwei Ausdrucksformen derselben Kraft – sie sind einfach die gute und böse Verkörperung davon. Der Teufel kontrolliert die Kräfte von Hass, Angst, Eitelkeit, Geiz, Gier, Rachsucht, Aberglaube und Wollust, während Gott all die positiven Kräfte in der Welt kontrolliert, inklusive Liebe, Glaube und Hoffnung. Den Teufel und seinen Gegenspieler kann man mit den positiven und negativen Ladungen in einem Atom vergleichen. In den Worten des Teufels: »Wir repräsentieren die positiven und negativen Kräfte des gesamten Systems an Universen und sind paritätisch.« Aus diesem Grund »kann keiner den anderen verdrängen, denn jeder kontrolliert die Hälfte der Kraft, die das Universum in einem Zustand der organisierten Kontrolle hält«.

Was wir Gott nennen könnten – und was der Teufel einfach seinen »Gegenspieler« nennt –, kontrolliert die positiven Gedanken. Gott ist die universelle Energie, die es dem Individuum ermöglicht, das materielle Äquivalent seines Verlangens zu erhalten. Indem Menschen die Kontrolle über ihren Geist erhalten, können sie die Unendliche Intelligenz anzapfen und von deren Einsichten noch zu Lebzeiten profitieren. Und wenn sie sterben und ihren physischen Körper hinter sich lassen, können sie ein Teil davon werden. Daher argumentiert der Teufel, dass »die einzige Form der anhaltenden Erlösung, die auch nur einen Pfifferling wert ist, für jeden Menschen daraus erwächst, dass er die Macht seines eigenen Geistes erkennt«.

Der Teufel ist negative Energie und kontrolliert negative Gedanken. Er ist nicht die Karikatur eines Dämons mit gespaltener Zunge und spitzem Schwanz. Dieses Bild ist Propaganda, die von den Religionen genutzt wird, um Angst zu verbreiten. Der Teufel steht demjenigen vor Augen, dessen Geist untätig ist, und er wohnt in den vernachlässigten Winkeln des menschlichen Gehirns. Dort sät er die Samen negativer Gedanken, damit er die volle Kontrolle gewinnt. Es ist wichtig, anzumerken, dass der Teufel niemanden bestrafen kann, außer im eigenen Verstand, und das tritt vor allem durch irgendeine Form der Angst auf. Es ist egal, ob die Angst mit etwas real Existierendem verbunden ist – die Emotion der Angst selbst schafft Gedankenmuster, die die negativen Auswirkungen des hypnotischen Rhythmus begünstigen.

Der Teufel »kann niemanden bestrafen, außer im eigenen Verstand einer Person durch irgendeine Art der Angst«.

Es ist das Ziel des Teufels, so viele Menschen wie möglich in den negativen Auswirkungen des hypnotischen Rhythmus gefangen zu halten, damit er ihre mentale Kraft für sich beanspruchen kann, wenn sie sterben. Wie Sie in Kapitel 1 gelernt haben, verliert jeder Geist, der zum Zeitpunkt des Todes in einem Zustand der Angst oder Desorganisation ist, seine Intelligenzeinheiten an den Teufel, wohingegen ein harmonischer Geist seine Identität nach dem Tod beibehalten wird. Eine der stärksten Waffen des Teufels ist daher die Angst vor dem Tod. Andere, gerne genutzte Werkzeuge sind Armut und Krankheit, die beide akkurates Denken behindern.

SCHRITTE ZUR SELBSTBESTIMMUNG

Schreiben Sie zwei Gebete auf und nutzen Sie die Formel für wirkungsvolles Beten, die in diesem Kapitel skizziert wurde. Steigern Sie Ihren Glauben, indem Sie diese Gebete mit einer positiven, dankbaren und zuversichtlichen Einstellung sprechen.

KAPITEL 16

ANGST

Angst ist ein sich selbst erhaltender Sumpf.

Angst ist geistiger Treibsand, der jeden verschluckt, der ihm zu lange nichts entgegensetzt. Sobald Sie der Angst die Tür öffnen, wird es nahezu unmöglich, sich ihrem Griff zu entziehen. Die Angst lähmt den Verstand und verhindert damit akkurates Denken. Sie zerstört zudem jede persönliche Initiative. Während das passiert, werden Sie zunehmend teilnahmslos und reizbar, was dem Fundament der Angst noch weitere negative Gedankenmuster hinzufügt. Wenn der hypnotische Rhythmus schließlich das Steuer übernimmt, wird Ihre Strafe vollstreckt: ein Leben im Gefängnis der Angst.

Das tritt auch in großem Maßstab auf: Angst ist ansteckend, und je mehr Menschen der Angst Macht verleihen, desto eher können ganze Gemeinschaften der Gewohnheit des Sich-treiben-Lassens verfallen. Die Weltwirtschaftskrise war zum Beispiel das Ergebnis einer weit verbreiteten Angst, die vom Ersten Weltkrieg ausgelöst wurde. Die Angst ist ein Fluch, der Generationen umspannt und durch den Glauben gebrochen werden kann.

Der Teufel pflanzt dem Geist der Menschen den Samen der Furcht ein, und wenn diese Saat aufgeht und durch Nutzung wächst, kontrolliert sie den Raum, den sie einnimmt. Dieser Ansatz ist so subtil, dass die Menschen glauben, die Ängste seien ihre eigene Schöpfung. Die sechs beliebtesten Werkzeuge des Teufels, um den menschlichen Geist zu kontrollieren, sind die folgenden:

- Die Angst vor Armut – Die Angst vor der Armut führt zu einem Armutsbewusstsein, was wiederum zu Gedankenmustern führt, die von Gleichgültigkeit, Unentschlossenheit, Zweifel, Sorge und Übervorsicht gekennzeichnet sind.
- Die Angst vor Kritik – Die Angst vor Kritik zerstört die Kreativität, die Gedankenfreiheit und die Initiative. Sie verhindert, dass mehr große Denker auf den Plan treten. Aufgrund dieser Angst stellen die Menschen vorherrschende Narrative nicht infrage, was es religiösen, politischen und anderen gedanklichen Führern ermöglicht, sie mit falschen Doktrinen zu hypnotisieren. Die Angst vor der Kritik ist besonders in Individuen vorherrschend, deren Eltern sie in der Kindheit sehr viel kritisiert haben, was dazu führte, dass sie einen Minderwertigkeitskomplex entwickelten. Sie führt zu Gedankenmustern, die charakterisiert sind von Befangenheit, Unterwürfigkeit, Unentschlossen-

heit, Minderwertigkeitsgefühl, Verschwendungssucht, einem Mangel an Initiative und Ehrgeiz.

- Die Angst vor Krankheit – Die Angst vor Krankheit steht in enger Beziehung zur Angst vor dem Alter und der Angst vor dem Tod: Alle drei entstehen daraus, dass Menschen sich vor dem fürchten, was nach dem Tod geschieht. Das ruft oft genau die Symptome hervor, vor denen man sich fürchtet, denn Krankheiten können ihren Ursprung in negativen Gedankenimpulsen haben. Das führt zu Gedankenmustern, die von einer Hingabe an Gesundheits-Ticks, Hypochondrie, Maßlosigkeit und Ausschweifung gekennzeichnet sind.
- Die Angst vor dem Verlust der Liebe – Die Angst vor dem Verlust der Liebe entsteht, wenn Menschen sich Sorgen wegen Untreue machen oder darum, von ihrem Liebespartner verlassen zu werden. Das führt zu Gedankenmustern, die von Eifersucht, der Suche nach Fehlern, sorglosem Umgang mit Geld und Ehebruch geprägt sind.
- Die Angst vor dem Alter – Die Angst vor dem Alter entstammt einer Sorge um das Leben nach dem Tod, um Altersarmut, dem alterungsbedingten Verlust der Gedankenfreiheit und der Freiheit, zu tun, was man will. Das führt zu Gedankenmustern, die durch Unreife, Nostalgie, Minderwertigkeitsgefühle und einem Mangel an Vorstellungskraft geprägt sind.
- Die Angst vor dem Tod – Die Angst vor dem Tod resultiert ebenfalls aus der Sorge um das Leben nach dem Tod. Sie führt zu Gedanken, die charakterisiert sind durch Untätigkeit, der Angst vor Armut und religiösem Fanatismus.

Von diesen sechs Grundängsten sind die Angst vor Armut und die Angst vor dem Tod dem Teufel am nützlichsten. Sie sind am mächtigsten, wenn es darum geht, selbstständiges Denken auszulöschen und die Menschen an seine Propaganda zu ketten. Um die Angst vor Armut und dem Tod zu bekämpfen, sollten Sie daran denken, dass sowohl Reichtum als auch Ihre ewige Existenz von Ihrer Fähigkeit abhängen, Ihre Gedanken zu kontrollieren. Wie Kapitel 1 erklärt, ist das Leben Energie und wird nicht im Moment des Versagens des Körpers zerstört. Aber ob diese Energie sich zerstreut oder verbunden bleibt, hängt davon ab, ob man im Moment des Todes frei ist von jeglicher Angst.

Wie stehen Sie zu … der Angst vor Kritik?

Die Angst vor Kritik hindert die großen Denker der Welt daran, ihre Wahrheiten allen mitzuteilen. Es ist die Methode des Teufels, um Pioniere zu unterdrücken, Innovationen zu hemmen und die Menschheit in die Fesseln stagnierenden Denkens zu legen. Der einzige Weg, um als Individuum Fortschritte zu erzielen – und als Gesellschaft –, besteht darin, die Neigung allen gefallen zu wollen, aufzugeben, die Unabhängigkeit des Denkens zu kultivieren und Wahrheiten offen auszutauschen, ohne Angst vor Kritik oder negativen Folgen. Es gibt Schlimmeres, als nicht gemocht zu werden, und das ist, sich negativen oder untätigen Gedanken hinzugeben, was beides dazu führt, sich treiben zu lassen.

Wenn eine Angst so gewachsen ist, dass sie all Ihre Gedanken beherrscht und dafür sorgt, dass Sie sich hilflos fühlen und zu kämpfen haben, wenn Sie Entscheidungen treffen, dann stellt sich ein Geisteszustand ein, den man Sorge nennt. Sich Sorgen zu machen, führt zu vier negativen Konsequenzen, die vermieden werden sollten:

- Sich zu sorgen, überträgt destruktive Gedankenimpulse an andere.
- Sich zu sorgen, lähmt den Verstand (die synthetische Vorstellungskraft) und den Sechsten Sinn (die kreative Vorstellungskraft).
- Sich zu sorgen, lädt den hypnotischen Rhythmus dazu ein, das Ruder zu übernehmen und Früchte zu tragen, die dem Zustand der Angst entsprechen.
- Sich zu sorgen, führt zu einer negativen und unangenehmen Persönlichkeit.

Die Sorge zerstört das Selbstvertrauen und mindert Ihre Fähigkeit, energisch Ihre Träume zu verfolgen. Die Heilung für die Sorge ist Entschlossenheit und persönliche Initiative – der Fokus des nächsten Kapitels.

»Halten Sie Zweifel und Angst und Sorge und alle Gedanken, die Ihnen Grenzen setzen, völlig aus Ihrem Geist fern.«

SCHRITTE ZUR SELBSTBESTIMMUNG

Welcher der sechs Grundängste geben Sie Raum in Ihrem Geist? Entkräften Sie diese Ängste im Folgenden, identifizieren Sie, was irrational und/oder unproduktiv daran ist. Nehmen Sie sich fest vor, diese Ängste mitsamt Wurzel aus Ihrem Geist herauszureißen, damit Sie die kreative und synthetische Vorstellungskraft vollumfänglich nutzen können.

KAPITEL 17

Entschlossenheit und Initiative

Behalten Sie Ihre Meinung für sich …
und treffen Sie Ihre eigenen Entscheidungen.

Unentschlossenheit ist die schlimmste aller menschlichen Schwächen. Sie zerstört Initiative und eigenständiges Denken. Schwache, ziellose Gedanken geben dem Teufel die Kontrolle über den Geist eines Menschen, wo der Teufel dann die Saat der Angst legen kann. Das ist ein Teufelskreis, denn wachsende Angst führt zu weiterer Unentschlossenheit. Wenn der hypnotische Rhythmus ins Spiel kommt, stellt der- oder diejenige, die sich der Prokrastination hingibt, fest, dass sie völlig von Angst und Verwirrung gelähmt ist, in einem Schwebezustand festhängt und nicht in der Lage ist, einen Pfad nach vorn zu finden. Dankenswerterweise kann man verhindern, dass die Unentschlossenheit zum

Markenzeichen des eigenen Lebens wird. Indem Sie selbst denken, können Sie Ihre Gegenwart schützen und mit Turbokraft auf die Zukunft zusteuern. Sie müssen in der Lage sein, eigenständig zu denken, um die in der Gesellschaft vorherrschende Propaganda zu bekämpfen und die Fallstricke des Teufels in Form von Bestechung, Versagen und Angst zu vermeiden.

Wie stehen Sie zu … Prokrastination?

Laut dem Teufel sind Prokrastination und Sich-treiben-Lassen quasi dasselbe. Er sagt: »Jede Gewohnheit, die den Menschen zur Prokrastination bringt – ihn also davon abhält, eine konkrete Entscheidung zu treffen –, führt zur Gewohnheit des Sich-treiben-Lassens.« Wenn wir eine notwendige Handlung aufschieben, entwickeln wir nicht nur Angst, die unser kreatives und logisches Denken hemmt, sondern wir schaffen auch Raum in unserem Hirn, damit der Teufel die Saat zerstörerischer Gedankenmuster ausbringen kann. Erinnern Sie sich an eine Zeit, als Sie zögerten, ein Projekt zu starten – was war das Ergebnis? Sehr wahrscheinlich empfanden Sie gesteigerte Angst, die Sie noch weiter entmutigte, die Arbeit in Angriff zu nehmen. Diese Angst führte zu weiteren negativen Gedankenmustern, wie Schuld, Scham und Apathie. Sobald diese Gewohnheiten einmal ausgebildet sind, werden sie zu einem Rhythmus, der unglaublich schwer zu durchbrechen ist.

Weil Angst und Unentschlossenheit zum gegenseitigen Wachstum beitragen, können Sie beides heilen, indem Sie die Initiative ergreifen und mit Entschlossenheit die Angst oder die Ängste angehen, mit denen Sie kämpfen.

- *Die Angst vor Armut* kann geheilt werden, indem Sie beschließen, mit den finanziellen Ressourcen auszukommen, über die Sie verfügen.
- *Die Angst vor Kritik* kann geheilt werden, indem Sie beschließen, sich nicht mehr darum zu kümmern, was andere denken, sagen oder tun.
- *Die Angst vor Krankheit* kann geheilt werden, indem Sie beschließen, bei jeglichen Symptomen medizinische Profis aufzusuchen, denen Sie vertrauen, um sich behandeln zu lassen.
- *Die Angst vor dem Verlust der Liebe* kann geheilt werden, indem Sie beschließen, mit oder ohne Liebespartner ein erfülltes, bedeutungsvolles Leben zu führen.
- *Die Angst vor dem Alter* kann geheilt werden, indem Sie beschließen, den Alterungsprozess einfach zu akzeptieren.
- *Die Angst vor dem Tod* kann geheilt werden, indem Sie beschließen, die eigene Sterblichkeit zu akzeptieren.

Die allgemeine Gewohnheit, sich zu sorgen, kann geheilt werden, indem Sie beschließen, dass nichts den Preis wert ist, den sie mit sich bringt.

MENSCHEN, DIE SICH NICHT TREIBEN LASSEN, DENKEN UND HANDELN ENTSCHLOSSEN ZU IHREN EIGENEN BEDINGUNGEN.

Menschen, die sich treiben lassen, können keine Entscheidungen treffen, und wenn sie es doch fertigbringen, mangelt es ihnen an Initiative, danach zu handeln. Wenn sie durch irgendeinen Umstand in der Lage sind, in Aktion zu treten, werden sie sich selbst in Zweifel ziehen, zögerlich handeln und überlegen, ob sie ihre Entscheidung nicht wieder rückgängig machen sollten.

Am häufigsten zögern Menschen, wenn es darum geht, ein konkretes Hauptziel im Leben zu wählen. Während sie auf Autopilot durchs Leben fliegen, entwickeln sie die Gewohnheit, sich treiben zu lassen – sie akzeptieren, was immer das Leben ihnen hinwirft, und handeln nie mit einer deutlichen Vorstellung davon, wohin die Reise gehen soll. Sie geben sich mit dem ersten Job zufrieden, den man ihnen nach dem Schulabschluss anbietet, heiraten die erste Person, die ein romantisches Interesse an ihnen zeigt, und treffen ziellos eine Reihe weiterer Entscheidungen.

Einflüsse aus der Umgebung und Nachahmung sind verantwortlich dafür, dass man früh im Leben die Gewohnheit der Prokrastination übernimmt, und die Gesellschaft verschlimmert dies im Erwachsenenalter noch, indem sie die Menschen dazu bringt, externen Quellen zu vertrauen, die ihnen die »Wahrheit« liefern, statt ihren eigenen natürlichen Instinkten.

Wenn Sie sich mit Prokrastination herumplagen, können Sie diese Gewohnheit durchbrechen, indem Sie die folgenden

Schritte jedes Mal ausführen, wenn Sie eine Entscheidung treffen müssen.

- Betrachten Sie im Stillen genau Ihre Optionen.
- Entscheiden Sie sich für ein bestimmtes Vorgehen.
- Verschreiben Sie sich dem gewählten Vorgehen.
- Handeln Sie mutig.

Sobald Sie eine Entscheidung treffen, sollten Sie Ihren Plan nur nach reiflicher Überlegung und Beratung mit Ihrer Mastermind-Gruppe modifizieren. Schließlich haben erfolgreiche Menschen die Gewohnheit, Entscheidungen schnell zu treffen, aber diese Entscheidungen nur langsam zu ändern, wenn überhaupt. Und sie hören nicht auf die Meinung anderer – Gedanken, die schnell und ohne ausreichende Belege formuliert werden. Sie hören sich die Meinung ihrer Mastermind-Gruppe an, die stets ihr konkretes Hauptziel und ihren konkreten Plan im Blick hat. Aber die wichtigste Meinung ist stets die, die unser eigener Verstand uns bietet.

»Treffen Sie Entscheidungen schnell und ändern Sie diese, wenn überhaupt, nur langsam und zögerlich und nie ohne konkreten Grund.«

SCHRITTE ZUR SELBSTBESTIMMUNG

In welchen Bereichen Ihres Lebens neigen Sie zur Prokrastination? Wieso glauben Sie, dass dies Problembereiche für Sie sein könnten? Welche Ängste könnten dem zugrunde liegen? Wessen Meinungen haben Sie übernommen, die dafür gesorgt haben, dass Sie Ihrer eigenen Intuition misstrauen? Fassen Sie den Plan, nur noch auf Ihre eigene Meinung und die Ihrer Mastermind-Gruppe zu hören und die Entscheidungsfindungsstrategien in diesem Kapitel zu nutzen, um sich von Sorge und Angst zu heilen.

Entwickeln Sie Entschlusskraft und Initiative, indem Sie die folgende Aussage auswendig lernen und sich ein paar Mal am Tag vorsagen:

»Sagen Sie der Welt, was Sie vorhaben, aber zeigen Sie es zuerst.« – Napoleon Hill, *Denke nach und werde reich*

KAPITEL 18

BILDUNG

Das gesamte öffentliche Schulsystem ist so gestaltet, dass es den Zwecken [des Teufels] dient, indem es den Kindern nahezu alles beibringt, abgesehen davon, wie man den eigenen Verstand nutzt und selbstständig denkt!

Einflüsse aus der Umgebung haben einen tiefreichenden Einfluss auf uns, denn unser Geist harmonisiert sich wissentlich und unbewusst mit den vorherrschenden Gedankenmustern aus dieser Umgebung. Im Bildungssystem ist dieser Prozess noch wirkungsvoller: Die Bildungsvermittler – zu denen Eltern, Schullehrer, religiöse Bildungsvermittler und andere Mentoren zählen können – transferieren ihre Gedankenmuster direkt auf die Schüler. Kinder sind am empfänglichsten für diese Einflüsse, aufgrund ihrer Neigung zur Nachahmung. Es besteht eine dreifache Gefahr:

- Bildungsvermittler zerstören die Gewohnheit der Kinder, selbst zu denken.
- Bildungsvermittler mindern das selbstständige Denken, indem sie den Geist der Kinder mit nicht belegbaren Ideen durcheinanderbringen.
- Bildungsvermittler erzwingen die Aneignung abstrakten Wissens, ohne den Schülern zu zeigen, was man mit dem Wissen anfangen kann, nachdem man es erlangt hat.

Meistens ist der Schaden natürlich nicht beabsichtigt. Bildungsvermittler glauben, sie tun das, was am besten für die Schüler ist, denn sie folgen dem von der Gesellschaft vorgegebenen Muster. Das Problem ist, dass dieses Muster vom Teufel kontrolliert wird und die Menschen zur Gewohnheit verlocken soll, sich treiben zu lassen. Wie es der Teufel erklärt, wird die Bildungsarbeit im Namen der »Zivilisation« verrichtet, einem Konzept, das im Allgemeinen dem Wirken Gottes zugeschrieben wird.

»Die allgemeinbildenden Schulen und Hochschulen lehren praktisch alles, außer den Prinzipien persönlicher Leistung. Sie verlangen von jungen Männern und Frauen, vier bis acht Jahre in akademischen Fantasiewelten zu verbringen und abstraktes Wissen anzuhäufen, aber sie bringen ihnen nicht bei, was man mit dem Wissen anstellen soll, nachdem man es erlangt hat.«

Der Teufel ist jedoch tatsächlich verantwortlich für das Wirken der Zivilisation. Wenn Bildungsvermittler – besonders im religiösen Bereich – Wissen über unbelegbare Ideen weitergeben, begleiten sie diese Theorien darüber hinaus mit der Saat der Angst vor Hölle und Tod und schaffen für den Teufel den nötigen Raum im Geist, um Ängste wachsen zu lassen und die Kontrolle zu übernehmen.

DIE BESTE BILDUNG, DIE MAN ERHALTEN KANN, STAMMT VON DER »UNIVERSITÄT DES LEBENS«.

Statt Gedankenmuster verschiedener formeller Lehrpläne, die das Sich-treiben-Lassen fördern, sollten Kinder und Heranwachsende aus der Erfahrung lernen, die unter anderem Namen als die »Universität des Lebens« bekannt ist, in der sie praktisches Wissen erlernen können:

- Wie man den Verstand entwickelt und nutzt.
- Wie man die Gedanken anderer übernimmt und nutzt.
- Wie man Fakten untersucht und sie zu konkreten Plänen zusammenstellt.

Wie stehen Sie zu … Lernen aus Erfahrung?

Wichtiger als sämtliche Fakten oder Ideen, die man im öffentlichen Schulsystem erlernen kann, ist das Wissen durch Erfahrung, das man von der »Universität des Lebens« erhält. Das wichtigste Wissen, das Sie besitzen können, ist ein anwendbares Wissen darüber, wie der eigene Verstand funktioniert, was es Ihnen ermöglicht, die Macht der eigenen Gedanken zu nutzen und die eigenen dominierenden Begehrlichkeiten in die Realität zu überführen. Hills Erfolgsprinzipien, gepaart mit einem Verständnis des hypnotischen Rhythmus, werden Ihnen helfen, sich aus den Fängen des Teufels zu befreien.

Der Teufel gesteht ein, dass die Schulen und Kirchen nicht ersetzt werden müssen, aber sie müssen reformiert werden, damit sie den Menschen dienen, statt sie in Unwissenheit zu halten. Er schlägt 33 Veränderungen vor, die am öffentlichen Schulsystem vorgenommen werden sollten, damit es die Gewohnheit eigenständigen Denkens fördert statt die Gewohnheit des Sich-treiben-Lassens.

- Die Schüler sollten als Lehrer auftreten können und die Lehrer die Schüler werden.
- Lernen durch Erfahrung sollte bevorzugt werden, besonders bei praktischer Arbeit, die für das Alltagsleben relevant ist.

- Den Schülern sollte beigebracht werden, wie man Brainstorming betreibt und Ideen hervorbringt, damit sie das erlangen können, was immer sie im Leben brauchen.
- Die Schüler sollten lernen, wie man Zeit budgetiert und nutzt, mit einer Betonung darauf, dass Zeit die wichtigste Ressource aller menschlichen Wesen ist – und die billigste.
- Schüler sollten etwas über die grundlegenden Motive erfahren, die Menschen beeinflussen, und man sollte ihnen zeigen, wie man diese Motive nutzt, um das im Leben zu erlangen, was sie brauchen und wollen.
- Man bringe den Schülern die Verbindung zwischen gesunder Ernährung und robuster Gesundheit bei und helfe ihnen, zu verstehen, wie man Nahrung auswählt und portioniert.
- Die Schüler sollten die wahre Natur und Funktion des Sexualtriebs kennenlernen und man sollte ihnen erklären, dass er zu einer Kraft werden kann, die dabei hilft, das eigene konkrete Hauptziel im Leben zu erreichen.
- Die Schüler sollten lernen, wie wichtig Entschlossenheit in allen Dingen ist, zuvörderst und vor allem bei der Wahl eines konkreten Hauptlebenszwecks.
- Schüler sollten lernen, wie man Gewohnheiten im Guten und Schlechten einsetzt. Das Konzept sollte illustriert werden, um es greifbarer zu machen.
- Man bringe den Schülern bei, wie der hypnotische Rhythmus Gedankenmuster dauerhaft werden lässt, und sollte ihnen helfen, Gewohnheiten zu entwickeln, die zu eigenständigem Denken führen.

- Schüler sollten lernen, dass Gott und Teufel einfach nur Namen für die positiven und negativen Elemente der Macht sind, und dass sie durch ein richtiges Verständnis und die Nutzung des eigenen Verstandes das Gute erreichen und das Böse vermeiden können.
- Den Schülern sollte beigebracht werden, was die Unterschiede zwischen einer zeitweiligen Niederlage und Versagen sind, und man sollte ihnen zeigen, wie sie den Samen einer Chance finden, der in jeder Niederlage verborgen ist.
- Schüler sollten lernen, ihre Gedanken mutig zum Ausdruck zu bringen und die Ideen anderer zu akzeptieren oder abzulehnen, und sich dabei stets das Privileg vorzubehalten, auf ihr eigenes Urteil zu vertrauen.
- Schüler sollten lernen, Entscheidungen schnell zu treffen und nur langsam zu ändern, wenn überhaupt.
- Schüler sollten lernen, dass der menschliche Geist ein Empfänger für universelle Energien ist und verantwortlich dafür, Reize zu interpretieren, die Gedanken auslösen.
- Schüler sollten lernen, die Harmonie des Geistes zu bevorzugen, die nur durch Selbstkontrolle zu erreichen ist.
- Schüler sollten die Natur und den Wert der Selbstdisziplin erlernen.
- Man bringe den Schülern das Gesetz der steigenden Erträge bei, das dann wirkt, wenn Individuen stets mehr und bessere Dienste leisten, als von ihnen erwartet wird.
- Schüler sollten die Goldene Regel erlernen, was auch bedeutet, dass sie alles, was sie für andere tun, auch für sich selbst tun sollten.

- Man lehre die Schüler, sich keine Meinungen zu bilden, die nicht durch Fakten untermauert werden oder durch Ansichten, die man vernünftigerweise als Fakten akzeptieren kann.
- Man bringe den Schülern bei, dass Zigaretten, Betäubungsmittel und eine übermäßige sexuelle Aktivität die Willenskraft zerstören und zur Gewohnheit des Sich-treiben-Lassens führen. Verbiete ihnen nichts, wodurch das selbstständige Denken gehemmt wird; erkläre einfach die Verbindung zum Sich-treiben-Lassen.
- Man bringe den Schülern bei, welche Gefahren darin liegen, etwas nur deswegen zu glauben, weil ihre Eltern, religiösen Bildungsvermittler oder jemand anderes sagt, dass es wahr sei.
- Man lehre die Schüler, sich den Fakten zu stellen, wie unangenehm diese auch sein mögen, ohne zu Entschuldigungen oder Täuschung zu greifen.
- Man bringe den Schülern bei, ihren Sechsten Sinn zu aktivieren, um neues Wissen zu erlangen und sorgfältig alles Wissen zu prüfen, das auf diese Weise empfangen wird.
- Man lehre die Schüler, wie das Gesetz der Kompensation arbeitet, und das in jedem Detail des Alltagslebens.
- Schüler sollten lernen, dass Krieg Mord ist, egal wie man es dreht und wendet.
- Man bringe den Schülern bei, dass die effektivste Art des Gebets eine fest entschlossene Zielstrebigkeit ist, die von konkreten Plänen untermauert wird, die man konsequent und dauerhaft anwendet.

- Man lehre die Schüler, dass der Raum, den sie in der Welt einnehmen, an der Qualität und Quantität der nützlichen Dienste gemessen wird, die sie der Welt erweisen.
- Man sollte die Schüler lehren, dass es für jedes Problem eine Lösung gibt und dass man die Lösung häufig in den Umständen findet, die das Problem erst geschaffen haben.
- Man bringe den Schülern bei, dass die einzigen wirklichen Grenzen diejenigen sind, die sie sich selbst setzen oder die sie sich von anderen setzen lassen, und diese bestehen nur in ihrem Geist. Man lehre sie, dass Menschen alles erreichen können, was sie sich ausmalen und woran sie glauben!
- Man lehre die Schüler, dass Lehrbücher und Schulen hilfreiche Ressourcen sind, um den eigenen Verstand zu entfalten, aber dass die Universität des Lebens die einzige Schule von echtem Wert ist, in der man durch Erfahrung lernt.
- Man bringe den Schülern bei, dass Diploma und Abschlüsse nur als Wanddekoration nützlich sind.
- Man lehre die Schüler, dass sie stets sie selbst sein sollen und sich darauf konzentrieren sollen, sich selbst zufriedenzustellen, da man sowieso nicht alle zufriedenstellen kann.

Setzte man diese Veränderungen um, würden die Kinder immun gegen die Gewohnheit, sich treiben zu lassen, und darin geschult, die positiven Wirkungen des hypnotischen Rhythmus für sich zu nutzen. Nachdem der Teufel die oben empfohlenen Veränderungen aufgelistet hat, fügt er noch folgende Vorschläge hinzu:

- Diese Veränderungen sollten zuerst an Privatschulen umgesetzt werden, was anschließend einen entsprechenden Bedarf an den öffentlichen Schulen hervorrufen würde.
- Schüler sollten in der Psychologie harmonischer Verhandlungen mit anderen Menschen unterrichtet werden.
- Schüler sollten die Prinzipien individueller Leistung erlernen, die Menschen helfen, finanzielle Unabhängigkeit zu erlangen.
- Klassen sollten ganz abgeschafft und durch ein Konferenzsystem ersetzt werden, wie es im Geschäftsbereich üblich ist. Schüler sollten in Fächern, die nicht angemessen in Gruppen unterrichtet werden können, Einzelunterricht erhalten.
- Jede Schule sollte eine Hilfsgruppe von Unterrichtenden haben, die zusammengesetzt ist aus Geschäftsleuten, Wissenschaftlern, Künstlern, Ingenieuren und Journalisten, die den Schülern ein praktisch anwendbares Wissen über ihre Berufe vermitteln.

Diese Empfehlungen legen nahe, dass die beste Unterrichtsmethode sich darauf konzentriert, ein funktionierendes Wissen der praktischen Angelegenheiten des Lebens direkt von der Quelle zu vermitteln.

Der Teufel »kann sich im Geist von Menschen nicht durchsetzen, die eigenständig denken und über konkretes Wissen verfügen, das angemessen in konkrete Pläne umgesetzt wird«.

SCHRITTE ZUR SELBSTBESTIMMUNG

Egal wo Sie im Leben stehen, es ist entscheidend, weiter zu lernen, besonders, um praktische Einsichten in das Funktionieren des eigenen Geistes zu gewinnen. Wo liegen die Lücken in Ihrem aktuellen Wissen? Wofür streben Sie dieses Wissen an? Wie können Sie dieses Wissen aus verlässlichen Quellen erlangen (zum Beispiel durch persönliche Erfahrung und formelle Ausbildung, durch die Erfahrung und Ausbildung Ihrer Mastermind-Gruppe oder von anderen Menschen, aus öffentlichen Büchereien, aus Büchern und Audiobüchern, Podcasts und Fortbildungen)?

KAPITEL 19

DER DIENST AM NÄCHSTEN

Wenn ein Mensch vom Verlangen nach materiellen Gütern und persönlicher Macht über seine Mitmenschen verzehrt wird und vergisst, dass sein größtes Privileg auf dieser Erde darin besteht, anderen einen nützlichen Dienst zu erweisen, schafft er eine Waffe der Selbstzerstörung.

Eine der besten Methoden, um Widerstände zu überwinden, besteht darin, anderen einen nützlichen Dienst zu erweisen. Dafür gibt es zwei Hauptgründe. Der wichtigste ist, dass es den Geist der Angst vertreibt, wenn man anderen einen Dienst erweist. Negative und positive Gedanken können nicht gleichzeitig im Geist am Werk sein: Wenn also ein Individuum in einem Zustand der Großzügigkeit und Wohltätigkeit handelt, verhindert es, dass Angst und Zweifel die Kontrolle übernehmen. Aus diesem Grund besteht die beste Methode, auf Schwierigkeiten zu reagieren, die Sorgen auslösen, darin, »eine andere Person zu finden, die größere Schwierigkeiten hat, und sich ganz in die Aufgabe zu stürzen, ihr oder ihm zu helfen«. Diese Erfahrung wird Ihr Gefühl eines Lebenszwecks, Ihren Antrieb, Ihre Erkenntnis und Dankbarkeit steigern und Sie damit in eine effektivere Position bringen, um wirkungsvolle Gebete zu kreieren. Sie können Ihr »anderes Selbst« nicht nutzen, wenn Sie nicht in einem Geist der Großzügigkeit und des Dienstes am Nächsten handeln. Aus diesen Gründen ist es das beste Gegengift gegen Widerstände, anderen einen Dienst zu erweisen.

»Sie werden das Glück nur finden, wenn Sie anderen dabei helfen, es zu finden!«

Unser Lohn wird auch dadurch bestimmt, wie viele Dienste wir anderen erweisen. Der Teufel enthüllt, dass man am besten dadurch materielle und finanzielle Ressourcen erlangt, indem man »der größtmöglichen Menge an Menschen den größtmöglichen Dienst erweist, durch ein beliebiges Medium, das einem zur Verfügung steht«. Jedem konkreten Hauptziel, das nicht anderen dient, mangelt es an der Stärke eines Ziels, dessen Fokus darauf liegt, das Leben anderer Menschen zu verbessern. Durch das Gesetz der Kompensation stellt die Natur sicher, dass unsere Anstrengungen zu entsprechenden Folgen führen. Anderen einen Dienst zu erweisen, führt dazu, dass die Natur uns unterstützt und in Kontakt mit anderen Verbündeten bringt, die uns unterstützen.

Was halten Sie davon … mehr als verlangt zu leisten?

Hills Erfolgsphilosophie ermutigt Individuen, »mehr als verlangt zu tun« – also mehr und bessere Dienste zu leisten, als von ihnen verlangt wird. Die meisten Menschen tun genau das, was von ihnen verlangt wird oder wofür sie bezahlt werden, und nichts darüber hinaus. Folgen Sie nicht dem Pfad der Mittelmäßigkeit. Wachsen Sie über sich hinaus, indem Sie mehr beitragen, ohne um Erlaubnis zu bitten und ohne explizite Anweisung, es zu tun. Sie werden feststellen, dass Sie im Beruf leicht und schnell aufsteigen, gegen Fehlschläge immun werden und Selbstvertrauen und persönliche Zufriedenheit erlangen.

SCHRITTE ZUR SELBSTBESTIMMUNG

Wie dient Ihr konkretes Hauptziel anderen? Dient es anderen direkt (indem es ihnen einen direkten Nutzen bietet) oder indirekt (indem es ihnen hilft, sich selbst zu helfen)? Wenn Ihr konkretes Hauptziel keinen Dienst am Nächsten enthält, wie kann man es durch den Geist der Großzügigkeit verbessern?

Wo leisten Sie in Ihrem Leben zu Hause mehr als verlangt? Wo im Beruf? Bei den Finanzen? Wie könnten Sie in allen drei Bereichen Ihres Lebens die Gewohnheit kultivieren, mehr als verlangt zu tun?

KAPITEL 20

BEZIEHUNGEN

Ein vollkommener Geist kann nur durch Harmonie von Zielsetzung und Tat zwischen dem Geist zweier oder mehrerer Menschen erreicht werden.

Die wichtigsten Erfolgsgeheimnisse, die vom Teufel enthüllt werden, wirken auf den ersten Blick widersprüchlich. Zum einen ist eigenständiges Denken entscheidend, um nicht der Gewohnheit des Sich-treiben-Lassens zu verfallen; und zweitens müssen wir in Beziehung zu anderen stehen, um die positive Macht des hypnotischen Rhythmus vollumfänglich zu nutzen. Diese Ideen können in der Vorstellung zusammengebracht werden, dass unsere Beziehungen aktives, ungehemmtes Denken fördern sollten. Tatsächlich geht der Teufel so weit, zu sagen, dass eine völlige Unabhängigkeit des Denkens nur durch die harmonische Koordination des Geistes mehrerer Menschen erreicht werden kann. Zum Teil bezieht er sich damit auf das

Mastermind-Prinzip, aber die profundere Wahrheit, die er damit unterstreicht, besteht darin, dass der hypnotische Rhythmus selbst von menschlichen Beziehungen abhängt.

Die Essenz des Gesetzes des hypnotischen Rhythmus ist Balance und Harmonie. Es legt die Beziehungen, die wir mit anderen etabliert haben, wörtlich aus. Das Gesetz des hypnotischen Rhythmus sorgt dafür, dass diese Beziehungen auf angemessene Weise erhalten bleiben. Darüber hinaus stellt der hypnotische Rhythmus sicher, dass unsere beruflichen, sozialen und familiären Gewohnheiten zu einem Teil unseres Wesens werden. Charakter ist nicht mehr als das Wirken des hypnotischen Rhythmus: unsere Beziehung zu uns selbst und zu anderen, wie sie durch die Gewohnheiten ausgedrückt wird, die sich aufgrund des hypnotischen Rhythmus als Persönlichkeit kristallisieren. Der Teufel beschreibt diesen Prozess folgendermaßen:

»Der hypnotische Rhythmus übernimmt die vorherrschenden Motive, Ziele, Zwecke und Gefühle des Geistes der Menschen, die miteinander in Kontakt stehen, und verwebt diese zu einem bestimmten Ausmaß an Glauben oder Angst, Liebe oder Hass.

Nachdem dieses Muster eine konkrete Form erhalten hat, so wie es mit der Zeit geschieht, wird es dem in Kontakt stehenden Geist der Menschen aufgezwungen und zu einem Teil ihrer selbst. Auf diese lautlose Art und Weise macht die Natur die dominierenden Faktoren jeder menschlichen Beziehung zu etwas Permanentem.

In jeder menschlichen Beziehung werden die bösen Motive und Taten der in Kontakt stehenden Individuen koordiniert und zu konkreter Form verfestigt und subtil in den wichtigsten menschlichen Zug eingewoben, der als Charakter bekannt ist.

In gleicher Weise werden die guten Motive und Taten verfestigt und den Individuen aufgezwungen. Sie sehen daher also, es sind nicht nur die Taten, sondern auch die Gedanken des Einzelnen, die die Natur aller menschlichen Beziehungen festlegen.«

Das Gesetz des hypnotischen Rhythmus ist der Grund, wieso »die meisten Widrigkeiten aus unausgewogenen zwischenmenschlichen Beziehungen entstehen«.

WAS STELLT EINE ANGEMESSENE BEZIEHUNG ZWISCHEN MENSCHEN DAR?

Wie kann man die positiven Wirkungen des hypnotischen Rhythmus durch unsere Beziehungen zu anderen nutzen? Laut dem Teufel »ist die angemessene Beziehung eine, die allen, die dadurch verbunden sind oder davon beeinflusst werden, irgendeinen Nutzen bringt«. Es muss eine Harmonie von Verstand und Ziel und ein Geist des Dienstes am Nächsten vorherrschen. Eine solche Beziehung kann »Reichtümer in ihrer höchsten Form hervorbringen, Reichtümer im materiellen, mentalen und spirituellen Bereich«. Weil die Einsätze so hoch sind, weist der Teufel an, dass »die engsten Vertrauten des Menschen mit so viel Sorgfalt gewählt werden sollten, wie man die Nahrung wählt, die den eigenen Körper nährt, mit dem Ziel, sich stets mit Menschen zusammenzutun, deren dominierende Gedanken positiv, freundlich und harmonisch sind«. Die Beziehungen mit den höchsten Einsätzen sind diejenigen mit unserem/unseren:

- Ehepartner,
- Mitarbeitern,
- engen Freunden,
- engen Bekannten.

Entfernte Bekannte und Fremde haben wenig Einfluss auf unsere Gedankenmuster. Angemessene Beziehungen erfordern angemessene Motive, Harmonie zwischen den Geistern verschiedener Menschen und die Beachtung der Bedürfnisse aller Beteiligten. Unangemessene Beziehungen können auf zweierlei Weise korrigiert werden:

- Die Person, die dafür sorgt, dass eine unangemessene Beziehung vorliegt, verändert ihre Gedankenmuster.
- Die Beziehung ändert ihre Zusammensetzung, indem Individuen hinzugefügt oder daraus entfernt werden.

WÄHLEN SIE IHREN EHEPARTNER WEISE.

Eheliche Beziehungen können Partner zum Erfolg katapultieren oder sie ins Versagen reißen, und das schneller als jede andere Art Beziehung, weswegen ein Ehepartner oder eine Ehepartnerin mit großer Sorgfalt gewählt werden sollte. Der Teufel erklärt, dass »die Beziehungsform der Ehe Menschen unter den Einfluss spiritueller Mächte bringt, die ein solches Gewicht haben, dass sie zu den vorherrschenden Kräften des Geistes werden«. Manche Menschen lassen sich jedoch einfach in die Ehe hineintreiben und die Gewohnheit des Sich-treiben-Lassens – besonders, wenn sie von beiden Partnern praktiziert wird – wirkt anziehend auf das verfestigende Wirken des hypnotischen Rhythmus.

Menschen treiben in die Ehe, weil sie ihre Beziehungen mit Schmeichelei beginnen, einem unangemessenen Ausleben des sexuellen Verlangens oder mit unangemessenen Motiven. Im Anschluss verschlimmern sie die Gewohnheit, sich treiben zu lassen, durch Streitereien. Während sie in ihrem Umgang mit anderen negative Worte wechseln, negative Gedanken denken, negative Handlungen vollziehen und negative Motive entwickeln, verstrickt sie all diese negative Energie in ein Netz des Elends und des Zwiespalts. Das entgegengesetzte Motiv trifft ebenso zu: Wenn Ehepartner im Geiste der Großzügigkeit denken, handeln und miteinander reden, werden sie niemals unglücklich sein. Letztlich wird eine Ehe aufgrund des hypnotischen Rhythmus erfolgreich sein oder scheitern, basierend auf der Art und Weise, in der die Partner miteinander in Beziehung treten.

Ist eine Scheidung je vertretbar? Der Teufel sagt ja, »Geister, die nicht harmonieren, sollten niemals gezwungen werden, in einer Ehe oder irgendeiner anderen Beziehung zusammenzubleiben. Reibung und alle Formen von Zwiespalt zwischen den Geistern verschiedener Menschen führen unweigerlich zur Gewohnheit des Sich-treiben-Lassens und natürlich zur Unentschlossenheit«. Die gleiche Regel findet bei familiären Beziehungen Anwendung. Erinnern Sie sich an die Definition der Sünde als etwas, das körperliches, emotionales oder spirituelles Leiden verursacht. Es ist eine weit größere Sünde, in einer Beziehung zu bleiben, die eine oder mehrere Beteiligte durch die Gewohnheit, sich treiben zu lassen, herunterzieht, als sich zu trennen und die Kontrolle über das eigene Leben zurückzuerlangen. Verpflichtung ist in diesem Zusammenhang die falsche Auffassung.

»Die bedeutendste Verpflichtung jedes Menschen hat er sich selbst gegenüber! Jeder Mensch ist sich selbst gegenüber verpflichtet, herauszufinden, wie man ein erfülltes und glückliches Leben lebt.«

WÄHLEN SIE IHRE GESCHÄFTSPARTNER WEISE.

Nach der Ehe sind Ihre Geschäftsbeziehungen die wichtigsten, wenn es darum geht, Ihren Erfolg und Ihr Glück zu fördern oder zu hemmen. Wir verbringen nicht nur einen bedeutenden

Teil unserer Zeit mit unseren Mitarbeitern, wodurch das Gesetz des hypnotischen Rhythmus eine Harmonie zwischen uns und den Einflüssen aus der Umgebung an unserem Arbeitsplatz herstellt, sondern unser beruflicher Erfolg hängt auch von unserer Fähigkeit ab, mit unseren Geschäftspartnern und anderen Menschen außerhalb des eigenen Unternehmens in Beziehung zu treten. Der Teufel erklärt, dass es für Berufstätige wichtiger ist, zu wissen, wie man mit anderen und den Klienten in Beziehung tritt, als das spezialisierte Wissen zu haben, das für den eigenen Beruf nötig ist.

Unternehmensführer, die erfolgreich sein wollen, werden ein fundiertes Verständnis menschlicher Motivation haben und davon, welche Arten von Geisteshaltungen auf natürliche Weise miteinander harmonieren. Sie werden in dem Umfang erfolgreich sein, in dem es ihnen gelingt, ein Team aufzubauen, das gut zusammenpasst und seine Bemühungen effizient und wirkungsvoll koordinieren kann. Daher gibt es für eine Führungspersönlichkeit keine wichtigere Ressource als ein fundiertes Verständnis des Gesetzes des hypnotischen Rhythmus. Das Gleiche gilt für Individuen, die danach streben, ihre Karriere voranzubringen: Mit Bedacht vorzugehen, wenn es darum geht, wie sie mit ihren Kollegen und anderen außerhalb des Unternehmens in Beziehung treten, damit sie die positiven Wirkungen des hypnotischen Rhythmus nutzen können, wird beruflich mehr für sie bewirken als irgendein Talent oder eine Aufgabe, die sie selbst erledigen können.

SCHRITTE ZUR SELBSTBESTIMMUNG

Angemessene Beziehungen erfordern angemessene Motive. Welche Motive leiten Sie in Ihren Beziehungen zu Ihrem Ehe- oder Liebespartner? Zu Ihren Familienmitgliedern? Ihren Freunden? Ihren engen Bekannten? Ihren Kollegen? Ihren Kunden? Können Sie bei diesen Motiven Probleme ausmachen? Nutzen die Beziehungen allen, die daran beteiligt sind? Finden Sie heraus, ob und welche Veränderungen Sie an Ihren Beziehungen vornehmen müssen, um die positiven Wirkungen des hypnotischen Rhythmus für sich zu nutzen.

NOTIZEN

Über Napoleon Hill

Napoleon Hill wurde 1883 in einer kleinen Hütte mit nur einem Zimmer am Pound River in Wise County, West Virginia, geboren. Seine Schriftstellerkarriere begann er im Alter von 13 Jahren als »Bergreporter« für eine Kleinstadtzeitung und wurde zu einem der beliebtesten Motivationsautoren Amerikas. Hill starb im November 1970 nach einer langen und erfolgreichen Karriere, in der er über die Prinzipien des Erfolgs schrieb, sie lehrte und Vorträge hielt. Dr. Hills Arbeit ist ein Denkmal für individuellen Erfolg und ein Grundstein moderner Motivationsliteratur. Sein Buch *Denke nach und werde reich* ist in diesem Bereich *der* Bestseller aller Zeiten. Hill gründete seine Stiftung als eine Non-Profit-Bildungsinstitution, deren Mission darin bestand, seine Philosophie über Leadership, Selbstmotivation und individuellen Erfolg zu verbreiten. Seine Bücher verhelfen Ihnen zum Aufbau Ihrer eigenen Bibliothek an Materialien für den persönlichen Erfolg … damit Sie finanziellen Wohlstand und den wahren Reichtum des Lebens genießen können.